中山出版
ZHONGSHAN PUBLISHING
香山承文脉 好书读百年

U0950235

回归育人

个体心理学对课程思政实践运用的启示

汪晓丽 著

SPM 南方传媒 | 广东人民出版社
·广州·

图书在版编目（CIP）数据

回归育人：个体心理学对课程思政实践运用的启示 / 汪晓丽著. —广州：广东人民出版社，2023.10
ISBN 978-7-218-17027-5

Ⅰ.①回… Ⅱ.①汪… Ⅲ.①思想政治教育—教学研究 Ⅳ.① D64

中国国家版本馆 CIP 数据核字（2023）第 200293 号

HUIGUI YUREN: GETI XINLIXUE DUI KECHENG SIZHENG SHIJIAN YUNYONG DE QISHI
回归育人：个体心理学对课程思政实践运用的启示
汪晓丽 著
版权所有 翻印必究

出 版 人：肖风华

责任编辑：廖智聪
特邀编辑：吴嘉文
装帧设计：陈宝玉
责任技编：吴彦斌 周星奎

统 筹：广东人民出版社中山出版有限公司
执 行：王 忠
地 址：广东省中山市中山五路1号中山日报社8楼（邮政编码：528403）
电 话：（0760）89882926 （0760）89882925

出版发行：广东人民出版社
地 址：广东省广州市越秀区大沙头四马路10号（邮政编码：510199）
电 话：（020）85716809（总编室）
传 真：（020）83289585
网 址：http://www.gdpph.com
印 刷：广东信源文化科技有限公司
开 本：787mm×1092mm 1/16
印 张：15 字 数：164千
版 次：2023年10月第1版
印 次：2023年10月第1次印刷
定 价：56.00元

如发现印装质量问题，影响阅读，请与出版社（0760-89882925）联系调换。
售书热线：（0760）89882925

序　言

创造性开发课程思政，以实效性提升课程思政的有效性

◎　阮思余

课程思政是一个新生事物。自从 2020 年教育部发布《高等学校课程思政建设指导纲要》以来，课程思政就成为高校教学必须要解决的重要课题。尽管课程思政从概念到实践有三年多的时间，但是对于课程思政的认识还有待深化和加强。对于如何加强课程思政建设，也还需要深入研究和讨论。总之，对于何谓课程思政，如何开展课程思政建设，课程思政要达到什么样的目标等，诸如此类的问题都还需要深入研讨、凝聚共识。

一、课程思政首先是价值塑造

课程思政不同于传统的课程教学。在原有的课程教学的基础上，课程思政更加凸显价值引领、价值塑造和价值追求的过程与效果。就此而言，我们需要认真学习领会教育部颁发的《高等学校课程思政建设指导纲要》（教高〔2020〕3 号）关于课程思政的基本定位和指导思想：

培养什么人、怎样培养人、为谁培养人是教育的根本问题，立德树人成效是检验高校一切工作的根本标准。落实立德树人根本任务，必须将价值塑造、知识传授和能力培养三者融为一体、不可割裂。全面推进课程思政建设，就是要寓价值观引导于知识传授和能力培养之中，帮助学生塑造正确的世界观、人生观、价值观，这是人才培养的应有之义，更是必备内容。这一战略举措，影响甚至决定着接班人问题，影响甚至决定着国家长治久安，影响甚至决定着民族复兴和国家崛起。要紧紧抓住教师队伍“主力军”、课程建设“主战场”、课堂教学“主渠道”，让所有高校、所有教师、所有课程都承担好育人责任，守好一段渠、种好责任田，使各类课程与思政课程同向同行，将显性教育和隐性教育相统一，形成协同效应，构建全员全程全方位育人大格局。

应该说，教育部对于课程思政的定位和要求还是非常高的，需要我们认真吸收消化，并且在实际教学过程中能够真正转化为新的教学方案。就此而言，我们必须深刻认识到教育部对于课程思政建设的基本定位和发展要求。第一，课程思政涉及新时代中国特色社会主义教育的发展方向问题，即“培养什么人、怎样培养人、为谁培养人”的问题，人才培养必须解决这些根本性、方向性的问题。第二，课程思政首先是价值塑造。课程思政涉及“价值塑造、知识传授和能力培养”三位一体的目标，不过，首先是价值塑造，而且要把价值塑造深深地嵌入、渗透进知识传授和能力培养之中，否则我们的知识传授和能力培养就容易偏离航向，甚至出现一些根本性偏差。第三，课程思政事关学生的“三观”。课程思政涉及一代又一代青年人的培养问题，事关社会主义的建设者和接班人的培养和接续问题。因此，必须把人才培养，把学生的世界观、人生观和价值观的培养与中国特色社会主义现代化的伟大目标结合起来。第四，课程思政的把关者和引路人是教师、课堂和课程。因此，教师的引导、课程的定位、课堂的效果直接关乎课程思政的成效问题。当然，其中最重要的是教师。这就要求教师要做好课程思政的设计、开发与引导。要在传统知识传授和能力培养的基础上，围绕“价值塑造”，设计课程思政的价值目标和人才培养的思想导航。最后，课程思政主要还要回归到“育人”这一个根本问题上来。如何育人？如何育好人？这就要求每一门课、每一个教师、每一个课堂、每一个教学环节、每一个教学领域，不管是直接的课程建设，还是隐性的学生培养，我们始终都要把“价值塑造”摆在第一位。这样才能真正做到全员全过程、全方位、全领域育人，形成一个课程思政的完整结构体系和逻辑链条。

二、课程思政要处理好六个关系

课程思政不是课程与思政的简单叠加。课程思政，顾名思义就是要在课程教学中渗透进思想政治教育的元素，所谓“课程＋思政”。不过课程思政不是简单的“课程＋思政”，而是要在课程教学中把思政元素巧妙地、艺术地、创造性地呈现出来，从而赋予课程教学更多的思想性、情感性、道德性与政治性。既要避免简单的知识传授，或者科技传播、技术学习，又要避免纯粹的政治宣传、道德说教和意识形态灌输。这就要求课程思政必须认真处理好如下六个关系：

课程与思政的关系，教师与学生的关系，传统与现代的关系，中国与世界的关系，理论性与实效性的关系，政治性与创造性的关系。

（一）课程与思政的关系

课程思政要处理的首要关系就是课程与思政的关系。很长一段时间以来，课程与思政是两个并不相关的概念，它们之间并没有密切关联起来。2020年教育部颁发《高等学校课程思政建设指导纲要》（教高〔2020〕3号）以来，为了加强对于课程建设的规范和引导，突出课程本身的思政育人功能，所以把课程与思政有机融合起来，这就有了课程思政。由此，势必涉及如下问题：课程与思政如何有机结合起来？不同类型的课程与思政如何较好结合起来？是不是所有的课程都要达到课程与思政的结合？课程与思政的结合如何实现思政的功能？课程与思政的结合到底有哪些有效的方式？教师如何做好课程与思政结合的引路人？课程思政如何做到从课程本身出发，立足课程内容本身而开展思政，防止为思政而思政？亦即，如何防止课程与思政两张皮的现象？

就此而言，我们需要达成一些基本的共识：一是课程与思政必须有机结合起来，避免课程与思政没有结合或者表面结合实质没有结合的现象。课程与思政的结合，必须是真结合，而不是假结合；必须是有内容的结合，而不是表面的结合。二是课程与思政结合要从课程内容出发，立足课程本身开展思政活动，不能脱离课程本身来讲所谓的思政。课程思政必须从课程本身出发，来讨论思政问题。凡是离开了课程的思政，都难以真正有内容和根基。三是课程与思政的结合必须要考虑具体课程、某些类别课程的思政元素的开发，思政必须契合课程本身，而不能是贴标签的思政。不同类型的课程要有不同的思政，同一类型的课程要有大体相同的思政，这就要求我们寻求不同类型课程思政的差异性，以及同一类课程思政的一致性。避免课程思政“千人一面”或者“一人千面”。四是课程与思政的结合具有特定的时代内涵。课程思政要有生命力，必须与时俱进，要体现鲜明的时代特征。要赋予课程思政以鲜明的时代气息与浓厚的时代特色。这就要求课程思政要善于从时代出发，紧扣时代的主旋律，彰显特定时代的价值主张和思想倾向。当然，课程思政也不能完全被时代所限，必须有超越性。要弘扬那些超越时代的永恒主题的思想和价值，所谓人类共同价值，即和平、发展、公平、正义、民主、自由。这就对教师提出了更高的要求，不能用太过于现实和太过于俗世的观点来引导学生，更不能将其作为课程思政的主要内容。

（二）教师与学生的关系

课程思政要真正落实，需要处理好教师与学生的关系。教师是课程思政的主导者、引领者。学生是课程思政的接受者、反馈者。这就涉及很多问题：教师如何有效开展课程思政加建设？课程思政引入以后，教师与学生的关系与课程思政之前有何变化？在课程思政过程中，学生扮演什么角色？教师如何引导学生理解和领悟课程思政的思想内涵和理论所指？学生如何充分发挥青年人思想活跃、思维敏锐、时代感较强的优势，如何通过恰当的方式，向授课教师反馈其态度与想法，让教师调整课程思政的思路、价值与方式？在课程思政方面，同样需要遵循教学相长、共同成长的基本价值。

教师与学生的关系，是课程思政必须认真回答的重要课题。一是教师要重新进行角色定位。其不只是知识的传授者，还是价值塑造的引导者；不只是教书，还要育人；不只是完成教学任务，还要达到思政育人。所谓立德树人。应该说，课程思政首先对教师提出了更高的要求。不能只有课程，没有思政，而且思政也不只是简单讲道理。所讲道理，也必须是学生愿意信服的道理。二是问题导向的课程思政。教师要善于发现课程思政的“问题”，要有敏锐的课程思政问题意识。学术研究要从问题出发，课程思政同样也要从问题出发。只有从问题出发的课程思政才是真的课程思政，否则很难保证课程思政的真伪、也很难保证其意义和价值。从问题出发，抓住当前的主要问题，定位好课程思政需要解决的问题，这是问题导向的课程思政的要义所在。三是学生是课程思政的受益者、反馈者与对话者。课程思政要塑造学生的价值观，提升其能力、素养与品格。因此，课程思政要积累素养，提升能力，锻造品格。要让学生不仅有知识收获，还要有能力提升和德性修炼。学生在课程思政的过程中，也是反馈者，其本身的价值观就是最好的课程思政研究问题的来源。当然，学生也是课程思政的对话者，教师对于课程思政的认知，是否与学生的认知相一致？学生可以与教师对话，提出其对于课程思政的认识和理解。实际上，不仅大学生，现在很多中学生都已经形成自己的价值观，会对教师所持有的价值观表示支持或者反对。

（三）传统与现代的关系

传统与现代之间总是存在千丝万缕的联系。我们在讨论课程思政的时候，总是免不了要涉及传统与现代的关系。现代从传统走来，传统会一直延伸到现代。传统与现代总是互相交织、难舍难分。课程思政要处理好传统与现代的关系。如何认识传统？如何认识现代？传统是什么样的传统？现代是什么样的现代？如何避免过分美化传统而彻底否定现代，或者过分鼓吹现代而全然否定传统的现象？我们如何面对关于传统的各种争端？如何正视关于现代的相关讨论？传统美德如何在现代社会开花结果？现代社会的诸多问题如何借鉴传统美德妥善解决？

在传统与现代的关系问题上，我们要坚持如下观点：一是要认识到传统中有很多积极的元素，需要我们去总结和梳理，比如传统美德。近年来，我们反复强调的一些公认的传统美德的内容，应该成为人们的共识。党的二十大报告指出："只有植根本国、本民族历史文化沃土，马克思主义真理之树才能根深叶茂。……中华优秀传统文化源远流长、博大精深，是中华文明的智慧结晶，其中蕴含的天下为公、民为邦本、为政以德、革故鼎新、任人唯贤、天人合一、自强不息、厚德载物、讲信修睦、亲仁善邻等，是中国人民在长期生产生活中积累的宇宙观、天下观、社会观、道德观的重要体现，同科学社会主义价值观主张具有高度契合性。"二是要认识到传统中也有很多消极或者负面的元素。不能对传统照单全收，不加批判地为我所用。传统并不都是没有问题。比如传统社会的等级制、世袭制等，都是备受批判的内容。诸如此类的传统论题，我们要充分认识其弊端。三是课程思政要积极回答、勇于面对现代社会的重要问题、敏感问题。比如，最近一些年来广泛讨论的"内卷化"的问题。人类学家项飙就用通俗易懂的语言告诉了我们，什么是内卷，为什么我们会内卷，内卷有何危害。简言之，课程思政就需要直面问题本身，然后提出针对这个问题的有效解决方案。

最后，要避免用现代简单否定传统，或者用传统简单否定现代的现象。要防止这两者之间互相否定、彼此仇视的现象。任何形式的互相否定，都是对另一方的不公允。关于传统与现代化的关系问题，著名现代化理论研究者罗荣渠先生早在二十世纪八十年代就指出：一种错误的观点是“把传统与现代性视为互相绝对排斥的两极，非此即彼，势不两立”。为此，需要“根据各国现代化的历史经验，近年来研究现代化理论的学者愈来愈认识到：现代化是外来的西方冲击与本国的能动回应相结合、向现代工业社会转变的过程。如果说可以简约化为一个公式的话，传统与现代性的关系不是简单的‘现代性挑战→传统回应’的单向运动，而是‘现代性挑战⟷传统回应’的双向运动过程”①。总之，传统不是完美无缺的，现代化也不是尽善尽美。这就需要重新认识现代化和传统之间的关系，就次而言，张灏的观点就非常有启发。“我们不但要以现代化为基点去批判传统，同时也需要借助传统去检讨现代化。”② 应该说，这是非常有见地、非常辩证而且非常务实的观点。

（四）中国与世界的关系

课程思政必然涉及中国与世界的关系问题。到底应该如何看待中国与世界的关系？如何客观评价世界，尤其是西方世界？如何客

① 罗荣渠：《传统与现代化问题的理论探索》，《北京大学学报》1989年第3期。

② 张灏：《转型时代与幽暗意识——张灏自选集》，上海人民出版社2018年版。

观评价美国？如何客观评价中国？如何防止过度污名化西方世界？如何防止过度美化西方？同样，如何防止过度污名化中国？如何防止过度美化中国？如何防止把西方和中国对立起来？中国与世界，如何加强合作，而不是完全地对立和竞争？如何学习借鉴世界各国优秀的政治、经济的发展成果，为中国所用？中国式现代化，如何吸收世界各国现代化的经验和智慧，避免人类走向现代化过程中犯下的诸多错误？诸如此类的问题，都值得我们注意。

在中国与世界的关系上，我们应该秉持：一是要避免中国与世界二元对立的思维。在很长一段时间，在极端民族主义者看来，中国与西方之间存在一种非此即彼、不共戴天的关系。要清醒认识到，中国与世界不是完全对立的关系，而是既有竞争，也有合作的关系。尽管中西之间有斗争，但是更多的是和平的关系。要反思过度对立的思想和态度。这种对立思维主要表现在西方某些媒体经常污名化中国，国内一些舆论对西方的报道或者评述也存在有失偏颇的现象。如此刻意抹黑对方，污名化他人，都不是一种理性的做法和行为。二是中国与西方之间应该加强合作、互相学习、取长补短、共谋发展。实际上，从改革开放以来，我们就一直在向西方学习，学习西方国家先进的管理理念和制度，学习西方国家建设市场经济的丰富经验，学习西方国家政治文明的优秀成果。正是因为有这种谦虚谨慎的学习精神，我们才能够取得改革开放的巨大成功。当然，中国改革开放成功的故事，西方也非常感兴趣，他们也一直在研究，中国的改革开放为什么能够取得成功？总之，互相学习、为我所用、共谋发展、协同进步，这应该是中国与西方理性相处之道。

（五）理论性与实效性的关系

对于人文社会科学来说，所有的课程思政都必然涉及理论性的问题，当然，理工科也是一样，只是不像文科课程思政，很多都是从理论到理论。这就提出了一个严峻的问题，如何处理好理论性与实效性的关系。如何把理论讲透彻？如何真正做到以理服人，而不是差强人意？同时，如何真正做到理论与实效的统一，避免理论与实效两张皮的现象？理论要真正能够做到以理服人，就要求理论能够真正指导实践，理论要能够转化为实践成果，毕竟没有实践成效的理论，总是苍白的，缺乏说服力的。课程思政如果没有实效性，只是停留在理论的宣传与说教，不关注实践中的真正问题，不从问题出发，再多的理论恐怕也是枉费口舌。现在遇到的一个很大的难题就是，课程思政所要讲的理论，往往难以解决实际中的问题，甚至很多时候，只是从理论到理论，忽视了理论应该要关切的问题。因此，这些理论的解释力和说服力自然可想而知。

课程思政要妥善处理好理论性与实效性的问题。一是理论要讲深、讲透、讲信。要把理论讲清楚，这是一件比较艰难的事。理论要讲深刻，要有深度，要能深挖；理论要讲透彻，要让人有一种醍醐灌顶的感觉；理论要讲明白，再深、再透彻的理论，如果听众不明白，还是等于没有讲，达不到让人明理、信理、服理的效果。要以理服人，更要让人信服理论。这是理论工作者的优势，理论一旦讲出来就要达到这个要求。二是要从实际问题出发来讲理论。实际中的问题是什么？学生面临哪些问题？哪些是普遍性的问题，哪些是个别性的问题？要搞清楚问题所在，就需要做大量的调查研究。通过调查研究，抓住真正的问题。围绕这些现实中的问题，有针对性地开展课程思政的理论引导、理论分析和理论阐释。如此一来，问题就容易解决，也才能找到解决问题的良方。三是理论与实践要能够有机衔接起来。理论要能够反映实践中的真实问题，要能够真正指导实践，实践要按照理论的要求和理论的高度来推进和发展。课程思政既要有理论的概括性，又要有实效性。不能反映实际问题，不能解决实际问题，理论就难以发挥对于实践的指导作用。比如，今天被广泛批判的全社会范围内的“内卷”和“过度竞争”的问题，确实需要我们从学理上有所回应。竞争需要，毕竟没有竞争就没有进步和发展；但是过度竞争，带来的是更多个体的不幸、代际的惨状和社会的灾难。有学者甚至用“自杀性社会”来描述过度竞争的灾难性后果。①

（六）政治性与创造性的关系

最后，课程思政要处理好政治性与创造性的关系。课程思政首先是政治性的，这就要求课程思政要讲政治。不过，这个过程中有很多问题需要认识清楚。如何讲好课程思政的政治？如何避免政治说教，或者政治宣传？不同专业的教师如何讲好政治？课程思政中的政治与对于党员领导干部讲的政治有何不同？如何通过课程思政培养学生的政治素养？如何通过课程思政，让学生喜欢政治？如何创造性地讲政治，让课程思政元素能够润物细无声地渗透进每一个学生的心灵？要讲好课程思政，教师需要具备什么样的政治素养和理论

① 邓曦泽：《过度竞争下的“自杀性社会”——基于技术挤压的分析和预判》，《清华大学学报（哲学社会科学版）》2023 年第 2 期。

储备？诸如此类的问题，都是值得我们深入研究和琢磨的。

一是教师要善于讲好政治。课程思政是一个高度政治性的教学活动，因此，教师必须懂政治，要善于把政治的原则、政治的细节、政治的情节经过加工整理转化为课程思政的政治性要求和规范。一旦离开了政治高度和政治向度，课程思政就很容易走偏走歪。这就要求所有的教师，不管是哪个学科的教师，都要懂政治，至少政治的大方向不能错。如果偏离了政治的轨道，课程思政的效果就会适得其反。二是教师要创造性地讲好政治。要善于把政治融汇到社会生活中去，让学生认识到，政治无处不在，政治无时不在，政治关乎我们生活的方方面面，所谓社会生活即政治生活。创造性地讲好政治，还要善于把政治的高大上精神与公民日常行为规范结合起来。落实到每一个具体的公民，政治要求公民做一个守法的公民，做一个好公民、做一个好人。这就是亚里士多德在《政治学》[①]一书中讨论的重要问题。从这一意义上来说，政治就是劝人为善，劝人做一个好人、做一个好公民。如此一来，课程思政就不再只是简单的政治说教，而是与公民的培育和公民的成长密切相关。创造性讲好政治，还要让公民个体行动起来，让小公民行动起来，让他们自己学会去挖掘课程思政的政治原则和政治要求。学生对于课程思政的自我挖掘，往往好过教师的简单说教和灌输。没有切实体会和认识，公民对课程思政的认识总是有限的，也不会那么深刻。

总之，政治不是僵化的，政治本身可以有一定的创造性。同样，讲好政治也不是固定不变的，也是可以创造性发挥的。如何创造，

---

① ［古希腊］亚里士多德：《政治学》，吴寿彭译，商务印书馆 1965 年版。

在哪些方面进行创造，这些都很考验教师的智慧和水平。毕竟，课程思政的主导者、引导者和创造者都是教师。因此，讲好政治，创造性讲好政治，创造性讲好课程思政，关键在教师，主角在教师，根本在教师。简言之，课程思政的主导者、课程思政的创造者、课程思政的示范者都是教师。

三、课程思政落脚在实效性

就此而言，加强课程的研究和开发就显得尤为重要。特别是年轻教师、一线教师关于课程思政的研究就更加值得我们关注和重视。因为他们与学生的距离最近，他们与学生的“代沟”最小，他们与学生的共情最大。因此，我们应该鼓励和支持青年教师、一线教师多多加强课程思政的研究，多多发表、出版课程思政的相关著述。实际上，课程思政的研究需要大力支持和推进。相比其他学术研究专著来说，课程思政受到重视的程度还远远不够。在实际教学过程中，课程思政还有进一步发挥和拓展的空间。

正是在这个意义上，汪晓丽在其大作《回归育人》即将出版之际，嘱我做个序，我欣然应允。因为其把近年来关于课程思政的一些研究和思考较好地总结和梳理出来。该书涉及课程思政的一些重要问题，值得进一步深入研究和探讨。第一，需要从学生出发来研究课程思政。课程思政的研究角度非常多，可以从教师、教材、教学内容、教学过程、教学效果等方面来展开研究。从学生的角度来研究，相对来说，可以较好反映课程思政的教学效果，以及检验人才培养质量状况。第二，课程思政需要抓住和掌握个体心理及其差异。学生的行为重要，学生的心理更加重要。课程思政只有立足学生的心理状况及其差异性，才能有针对性地开展，并且提出有效的指导和解决方案，特别是个性化的指导意见和建议。第三，对于课堂教学和开发课程思政都提出了更高的要求和期待。要真正把课程思政开发出来，就要真正从学生出发，就要从学生的内在心理出发来设计和开展课程思政，这就对教师提出了更高的要求和规范。所谓“知己知彼，百战不殆”。教师不再只是授业，更重要的还要“解惑”，解思想之“惑”、情感之“困”、灵魂之“迷”。第四，课程思政的落脚点在实效性。只有课程思政有实效，才能够对学生的知识学习、能力提升和品质养成真正有提升和帮助作用。不客气地说，现在很多课程思政，貌似很高大上，但是实际上缺乏一些真正能够深入学生内心、触动青年灵魂、激发个体情感的实在内容。一笑而过或者哄堂大笑之后往往留下的是更多的迷茫与彷徨。其实效性可想而知。

基于上述四个方面的考虑，我们认为，确实需要抓住课程思政的内在结构性关系，厘清课程思政的关键内容，解决课程思政亟须重点解决的痛点难点问题。只有这样，我们的课程思政才能够真正实现立德树人的根本目标，才能够真正实现“三位一体”（价值塑造、知识传授和能力培养）立德树人的根本目标。

［作者系华南师范大学副教授，国家一流本科（政治学与行为学）建设点负责人］

目　录

第一章 绪论

近年来，“课程思政”已成为我国各大高等院校思想政治工作领域的一个热点话题，同时也成了各大高等院校推动教育教学改革的重要突破口。教育部颁布《高等学校课程思政建设指导纲要》后，各大高等院校开始正式探索和建设课程思政，并逐步建立起了一个完善的思想政治教育课程体系，高等院校课程思政有了新的改革方向和路径。

进入新时代，党和国家更为关注高等院校教育教学工作，并提出了“课程思政”这一新要求，改变了以往专员育人的教育模式，逐渐转向全员育人，由以往专项课程育人转向全课程育人。

改革开放以来，我国的公民道德教育与价值观教育得到进一步的发展，但在具体教育实践中还存在成效不足、缺乏主体性等诸多困境。公民道德教育之所以明显滞后于社会经济发展水平，其根源主要在于：受教育者基本处在被动参与状态，在道德教育模式上更多地应用“卷入式”模式。以传播和践行社会主义核心价值观为教育内容，以激发受教育者认同机制为导向，将文化制度和行为规范作为嵌入载体的创新性道德教育模式——“嵌入式”模式，直接贴近受教育者的日常生活，能够显著调动其参与积极性，同时还能与受教育者建立紧密关联，无论是教育形式还是教育成效都展现出独特优势。因此，当前我国的公民道德教育逐渐从“卷入”向“嵌入”方向发展。

公民在青少年甚至是儿童时代就已经产生了相应的价值观，具备了一定的道德水平，学校教育、家庭教育以及社会教育产生重大影响。学校教育是开展公民教育的主阵地，有利于提高社会整体道德水平，而课程思政是学校教育体系中的一大特色，在立德树人过程中发挥着必不可少的作用。课程思政是全面提升全民道德水平的直接课程，是一项核心课程，是组织开展全民教育的重要着力点，是让学生能够主动“扣好人生第一粒扣子”的重要课程，也是面向学生组织开展德育教育的一项基础性课程。

第一节 德育教育的实践困惑

自改革开放政策实施以来，我国公民道德教育取得重大突破的同时，也面临一系列困境和问题。社会中不断涌现出关于道德滑坡的舆论，让整个社会公民情绪过于焦虑和不安，诈骗、制假、散播不实谣言等诸多不法行为时有发生，引发公众的思考，给我国当前的道德教育敲响了警钟。实际上，早在 2001 年，我国就已经颁布了《公民道德建设实施纲要》，纲要实施至今已有 20 多年，但公民道德教育的任务依然繁重，依然需要持续深入地推进此项教育任务。这充分说明，我们必须从理论上深入剖析公民道德教育的实践困境，尤其对于学校道德教育，剖析和反思学校思政课程、课程思政建设以及全面探索和应用“嵌入式”道德教育模式，都需要将德育与公民教育的各项目标要求渗透到学校教学和育人机制中，打造全员、全过程、全方位的育人模式。

以往，在大学生的社会主义核心价值观教育方面，存在的“灌输教育”方式导致教育效果低下，主体性缺失导致消极倦怠，形式主义导致信任危机等困境。[①] 崔永学认为，当前的公民教育缺乏层次性的泛理想主义道德目标，严重脱离了广大公民的现实社会生活；缺乏全民参与的道德建设，严重违背了公民道德教育的主体诉求；缺乏普遍约束机制的道德号召，严重脱离了公民道德教育的客观要求。[②] 也有学者认为，当前的道德教育存在“重视道德知识的传授与掌握、忽视道德品质培养与锻炼；重视轰轰烈烈的集体行动，忽视默默无闻的个人修养；道德教育过程中道理传授多、情感培养少，德育缺少美育的辅助”[③] 等问题。顾建、亚王勤则认为，道德教育存在着道德教育内容偏离实际，道德教育方法单一，道德教育环境不佳，道德教育研究滞后，道德教育改革乏力等问题。[④]

结合以上阐述，我们可以得知，公民道德教育领域最大的困境并非理论层面，而是存在于实践领域，这些实践困境又集中体现在教育成效上。由于教育机制和教育成果之间直接相关，最终的道德教育成效和作用机制之间是一种函数关系。如果将道德教育成效完全归咎于道德教育机制，那么很难去解释一些问题。比如，改革开放 40 多年来，我国国内生产总值年均增长率在 9% 以上，但同样的

① 李飞：《大学生社会主义核心价值观，教育机制创新问题探论——以美国核心价值观教育为鉴》，《理论导刊》2014 年第 10 期。

② 崔永学：《公民道德教育的若干问题研究》，《教育评论》2012 年第 3 期。

③ 陈升：《论道德教育中存在的问题》，《道德与文明》1999 年第 5 期。

④ 顾建、亚王勤：《论道德教育中存在的问题》，《教育探索》2002 年第 7 期。

体制机制下，为什么道德教育成果远远滞后呢？社会主义制度最大的优势在于集中力量办大事，通过各种运动和会战[①]能够迅速将工作推向全新发展阶段。为什么相同道理不能用在道德教育领域呢？为什么搞运动或会战无法在短期内实现同样的道德教育成效呢？实际上道德教育领域同样也曾尝试搞会战，例如各类评优评奖活动，但并未取得预期实效。事实上，无论是评选文明城市，还是一系列学习榜样活动，大部分主体都不是主动参与的，大多为被卷入者。没有实现预期道德教育成效的根本原因就是被动“卷入式”教育模式显然没有真正地理解和把握公民道德教育的现实需求。所以，就应该尝试着去寻找一种能够取代“卷入式”教育模式，并且能够与现阶段公民道德教育发展趋势相吻合的新模式。因此，我们通过引入学校课程思政这一全新的育人模式，进一步探究“嵌入式”教育相比“卷入式”教育的实践优势。

第二节　课程思政嵌入及其功能

一、概念引入：“课程思政”的育人模式

《辞源》中对“课程”的解释是：“试也，计也，程也。凡定有程式而试验稽核之，皆曰课。”宋朝朱熹的《朱子全书·论学》中也频繁出现了“课程”二字，比如“小立课程，大作功夫”“宽着期限，紧着课程”等。1859 年，英国知名教育学者赫伯特·斯宾

---

① 本书“会战”指集中有关力量，突击完成某项任务。

塞在《什么知识最有价值》一文中最早提到 curriculum，翻译为课程，并将其定义为系统组织化的教学内容。后来，curriculum 的含义更多的是指学校关于科目教育学内容的时间安排。当前，不同学科从不同视角给出了课程的不同定义。教育学层面的课程又有狭义、广义之分。狭义层面的课程单纯局限于某个教学学科，而广义上的课程代表所有学科。

“课程思政”在很大程度上进一步继承和发展了学科德育和课程德育实践。单纯从其学科类型上看，课程思政的课程显然归属于教育学范畴，是教育论体系中的重要基础概念，而课程思政作为一个整体又归属于思想政治教育的研究范畴。因此，必须全面精准地理解和把握课程思政的内涵，将其同时置于教育学和思想政治教育学两个学科范畴去理解和把握。站在思想政治教育研究的角度上，思考如何为推动学生自由全面发展夯实思想基础；站在教育学的角度上，思考如何应用教育学原理提高育人实效。

“课程思政”作为一种新的教育理念，是紧紧围绕马克思主义的立场、观点及方法，以各学科课程为教育载体，将思想政治教育的各项元素及其功能充分渗透到课堂教学的各个环节，将丰富多样的“思政元素”与专业课程体系融合起来，通过有针对性的价值引领和思想启发，在知识传递的同时实现道德教育目的。可见，“课程思政”是以构建全员、全课程、全过程的育人格局的形式，将各类课程与思想政治理论课同向同行，形成协同效应，把“立德树人”作为教育根本任务的综合教育理念。2016 年，上海社科界第十四届学术年会思政教学专场，首次提到了“课程思政”这一新理念，受到了社会的广泛关注和重视。由于该理念具有极其重要的实践价值，国内诸多高校纷纷开始着手推进课程思政改革，并展开了一系列学术研究。由于课程思政概念相对较新，它旨在教育教学的整个过程中，充分渗透和践行立德树人目标，所涉及的学科范围十分广泛。在理论研究中需要参考心理学、哲学以及社会学等学科领域的育人成果，进而为课程思政奠定坚实的学理基础。本书就选取心理学这一视角，或者更为精确地讲是在个体心理学视角上，进一步探究课程思政，将人本主义心理学、个体心理学的相关概念、观点与课程思政改革融合起来，进而丰富课程思政的实践形式，提高课程思政的应用成效，同时引导各院校铺设合理可行的课程思政应用路径。

实际上，“课程思政”并非新生事物，在育人实践中由来已久。课程思政作为一种育人形式，是育人过程中的客观存在。“纵观古今中外各阶级的思想政治教育，从实践方式讲不外乎两种情况，一种是旗帜鲜明的直接教化，采用正面、直接的施教方式；一种是虚以逶迤的间接教化，把教化渗透到丰富多彩的社会生活之中。”[①] 本文着重探究的课程思政属于后者，也就是在各大高等院校开设的课程体系中，实施隐性课程，即将价值引领渗透到知识传递中，引领学生不仅习得知识，还感受价值引领，进而实现专业教育和思政教育相统一，确保高等院校每一门课程都能承载一定的育人功能。白显良在《隐性思想政治教育基本理论研究》所提及的直接教化和间接教化两种形式，实际上就对应了本书所提到的卷入式和嵌入式两种不同的教育模式。

---

① 白显良：《隐性思想政治教育基本理论研究》，人民出版社 2013 年版，第 34 页。

二、理论讨论：为什么是“嵌入式”教育

传统公民道德教育的主体是面向所有公民，但公民并没有真正参与其中，反而是被动卷入。追根究底，传统的公民道德教育主要是搞各种教育运动，由此导致大多数公民处在被动参与状态，收到的实际教育效果不好。为什么国家要将运动模式用于公民道德教育领域呢？可以从所依赖的路径上展开深入分析。众所周知，执政党在走向执政地位之前，大多擅长搞各类运动和社会动员，并且也拥有相对成熟的模式和丰富的经验。早在革命时期，这一方法是行得通、办得到的。因此，将被实践证实了并且运用成熟的方法复制到新领域不需要再支付高额的学习成本。执政党也希望将以往历史实践证明了的运动革命经验，复制到道德教育领域。然而，运动能够实现革命目标，但对公民道德教育效果不佳，因为革命与教育不同，前者往往是极其迅猛且充满腥风血雨，而公民道德教育讲究的是小火慢炖，需要潜移默化地去渗透、去培养，因此需要从细微之处、肯下功夫慢慢琢磨，才能实现长远成效。由此可以解释目前的教育在实现公民价值观和德育领域教育的效果不理想的原因。从更深入的角度看，无论是运动还是革命，都是工具理性，只是一种手段，是为了实现特定目的，但公民道德教育不同，其显然是价值理性。

新中国成立后，我国主要是通过在全国上下组织积极向雷锋等榜样人物学习的方式进行公民道德教育。进入 20 世纪 80 年代后，全国开始自上而下开展“五讲四美三热爱”等活动，而发展到 80 年代末以后，精神文明创建活动又成为主角。进入 21 世纪后，公民道德实施纲要的出台为各地组织开展丰富多样的道德实践活动提供了

重要指导。梳理总结发现，从最初相对单一的向榜样学习活动到日益丰富多彩的道德实践活动，对于接受道德教育的主体来说，被“卷入”的痕迹逐渐变淡。实际上这也代表着道德教育实践的新发展趋势。如何认识和把握这种发展趋势呢？亚当·斯密作为古典政治经济学的鼻祖，在完成《国富论》之后，又出版了看似毫无关联的《道德情操论》这本著作。他所要表达的是：市场经济同样离不开伦理规则，伦理道德是支撑市场经济发展的必要因素。换句话说，在市场经济中率先发展起来的地区，也最早遇到道德问题。比如，我国珠三角地区作为改革开放先行示范区，相比内陆很多地区，面临更多一系列公民的道德伦理问题。因此，实地考察和探究先行地区积累的道德教育经验，是把握新趋势的最佳路径。借助考察，从而探究其中隐含的内在逻辑。历史实践证实，卷入式公民道德教育模式很难实现预期教育目标。因此，我们亟须找到一条公民道德教育的新路径，构建能够与卷入式教育相互补的新模式，优化和完善教育成果。

我们可以引入卡尔·波兰尼在《大转折》所界定的“嵌入（embedded）”概念来分析和判断实践案例及相关经验。波兰尼指出，社会经济制度仅仅是将各项社会功能、组织融入社会大系统中，但依然从属于政治和社会制度体系。参照这一概念，公民道德教育要始终保持强劲的发展活力，就必须将其融入社会当中，融入社会生活实践以及公民价值观体系当中。比如，我们都充分重视家庭教育，父母堪称孩子的首任教师，对于孩子的成人、成才具有至关重要的教育和引导作用，但家庭教育同样是一门学问，不能简单等于说教、讲大道理。而这些会导致家庭教育不成功、孩子越发叛逆。我们可以引入一个家庭即时教育的正面案例，验证一下“嵌入式”教育是否是一种有效的德育教育形式，是否对孩子价值观形成具有重要意义？

一位家长在与孩子放学回家路上目睹了一个车祸现场，但并不是正在发生的车祸，而是保留了现场的车祸事故。这位家长与孩子在等红绿灯的时间，就针对这场车祸展开了讨论和分析。这位母亲问道：“让我们猜一猜这场车祸产生的原因是什么？”孩子分析兴致很高，母亲时不时地进行引导，他们最终给出的答案是：现在正处于上下班高峰期，除了快速公交车道以外的车道非常拥挤，唯独快速公交车道没有塞车现象。一辆停留在普通车道的外卖摩托车试图走捷径，于是转向快速公交车道，而在其远处的中巴货车早有了相同的想法，于是转到快速公交车道上，在摩托车突然闯入后，中巴货车司机还没有反应过来就已经撞上了，所以导致车祸的发生。这位母亲通过车祸现场开展即时教育，结合车祸原因分析，最终认为事物产生的根本原因是两位司机缺乏规则意识，即便是快速公交车道暂时没有车辆通行，也禁止非公交车辆进入，走捷径违反交通规则的行为，是造成事故的最大原因。此案例中，家长通过现实生活中亲身遇到的事物，在现场引导孩子共同分析追究根源，让孩子更深刻地知晓必须遵守交通规则，实现了预期教育目的，也会在孩子内心深处种下守规则、懂规矩的种子，这种典型的嵌入式教育模式，将德育和日常生活相互渗透、融合，更贴近现实，让日常生活有了浓浓的思政味，也达到了非常好的思想政治教育效果。

显然，嵌入式模式是与非嵌入式模式相对应的。非嵌入式模式最典型的问题在于：对于广大受教育者来说，始终将价值观和道德作为外来压力和束缚。这种情境下，很可能让道德教育最终成为僵化式的说教，始终无法走进受教育者内心，很难引发内心认同，甚至产生逆反心理。从心理层面剖析，要让受教育者接纳，前提是赢得受教育者的认同。如果无法形成认同，那么再完美的道德规范和价值观也无法进入受教育者本身的价值体系，无法转化为日常指导其行为而不觉的价值观。从理论上看，“嵌入式”和“非嵌入式”教育最根本的差异在于道德教育采用的核心机制不同，前者遵循认同机制，也可以将其视为一种搭便车式的教育，这里的搭便车就是认同，或者说，嵌入式教育能否取得成功，关键在于在多大程度上激活了认同机制。

“嵌入式”教育与传统的“卷入式”教育之间同样存在本质差异。二者的理论差异至少有以下两个方面：首先，从受教育者参与程度上看，卷入式教育下的受教育者实际上是被卷入者。受教育者所涉及的相关教育活动或特定情景，实际上等同于“意外”后果。但对于嵌入式教育来说，想要传递给受教育者的价值观或道德规范，只有能够被接受、内化，甚至是可以被外化为行为的条件下，才能起到教育效果，这一过程必然需要受教育者积极主动地作为。就教育形式而言，“卷入式”教育通过营造特定的情境或组织开展相关活动，与受教育者建立密切的情感或价值观联系，增进受教育者的情感体验，实现预期教育目标。此教育形式显然具有特定性，也并非常态化的，带有明显的临时性，并且与现实生活存在一定的距离。而嵌入式教育更多的是将价值观和道德规范融入日常生活实践中，形成常态化的教育模式，逐渐转化成日常生活的一部分。其次，从受教育者与教育形式的关联性上看，卷入式教育与受教育者大多以情感或利益作为联系纽带，但嵌入式教育与受教育者之间不需要中介，二者是一个整体，与现实生活不存在距离和隔阂。总之，卷入式教育是通过特定的运动或活动来营造大的教育情境，强制性地将受教育者卷进来，进而实现教育目的，其中带有明显的动员思维，试图打造以面带点的效果，就其本质而言，类似于仿真演戏，并不像是真实的道德教育实践。而嵌入式教育是直接作用于个体本身，将所要渗透的规范和价值观直接与受教育者的生活实践结合起来，其本质就是实实在在的现实生活，是始终处在实战状态的真实道德教育实践。

三、“课程思政”的“嵌入式”教育具有隐性教育功能

依据教育功能的实现形式，可以将教育进一步细分为“显性教育”和“隐性教育”两种类型。“显性教育”采用严格的“教学标准、教学计划、教学目标”①，将理论传输给受教育者，进而从知识和行为两个维度上教育和引导受教育者，目的在于能够为受教育者形成正确的价值观产生积极作用；“隐性教育”明显与其不同，这种教育类型更加注重渗透式或内隐式教育，反对一味的灌输，并不属于正规教育范畴，更为注重从思想和心理两个维度上作用于受教育者，进而培养受教育者的优良品质。在现实教育活动中，显性教育和隐性教育紧密相关，二者之间是相互依存和补充的辩证关系，缺少其一，都不能称之为完整的教育过程，也难以实现最理想的教育效果。显性教育的价值在于采用“有计划、有意识、直接的方式对大学生

---

① 徐向飞：《“课程思政”视域下高职院校建构协同育人平台的逻辑理论》，《教育与职业》2018 年第 22 期。

进行教育”[①]。长期以来，主要通过开设思想政治课的方式来实现，力争短期内就能看到教育效果。这种方法最终将演变为僵化单一、自上而下的“卷入式”教育模式，并且教育教学内容以阐释概念和表述观点为主，具有鲜明的理论性，不利于受教育者理解和内化。这种过于简单直白的教育方式，极易引发逆反和抵触现象，教育效果不佳。而隐性教育恰恰可以弥补这一缺陷，它不直接展现其教育目标、内容和任务等要素，而是将其融入其他教育实践。所谓隐性课程通常是指思想政治理论课之外的课程，包括但不限于实践课程，在大学生价值观养成、树立崇高理想信念等方面起着重要影响，带有鲜明的潜隐性。

在高校思想政治教育体系中，“课程思政”和“思政课程”显然具有互补性。高校主要依靠开设思政课的方式，面向大学生进行思想政治教育，而随着“课程思政”理念的提出，拓宽了教育路径，丰富了思政教育体系，并且能够充分挖掘显性教育和隐性教育的互补价值。在课程建设体系中，思想政治理论课是具有鲜明中国特色的显性课程，这就决定了我们理所当然地开好和上好思想政治理论课，并且这一课程具有鲜明的公开性，是落实立德树人根本任务的关键课程。“课程思政”扮演着隐性教育角色，挖掘其他学科的思政教育价值，将育人观渗透到专业课程教学中，与思想政治理论课形成互补，朝着共同的目标奋进，创造协同效应。此外，“课程思政”建设还能够进一步拓展思想政治教育活动范围，补充更多课堂

① 李前进：《我国大学生社会主义核心价值体系教育研究》，上海三联出版社2014年版，第239页。

外的资源，比如各类纪念馆、文化馆以及红色教育基地等，增强受教育者的实际体验和感受，积极主动地接受和内化思想政治教育内容。校园文化建设实际上也是一种隐性教育，积极向上的文化氛围能够对大学生产生积极的熏陶和引导作用，有助于培养和提升学生的人文精神。“课程思政”的提出，恰恰能够弥补显性课程的缺陷，可以让隐性和显性两种教育形式相协同。

第三节 “课程思政”概念的提出

一、“课程思政”的演变

20 世纪 80 年代末，党中央意识到“把思想政治教育与业务教学工作结合起来”[①]，是推进高校思想政治工作改革的有效措施之一。1995 年，为了更好地贯彻落实党的教育方针，提高我国高等教育发展质量，深入推进高等学校德育工作改革，建构全新的德育体系和格局，改善和提升总体德育实效，实现特定德育目标，建立健全中国特色社会主义高等教育体系[②]，我国颁布了《中国普通高等学校德育大纲》，指出“要发挥各科教学中的德育功能，结合学校相关内容和各个环节，有机地对学生实施德育”[③]。2004 年 8 月 26 日，党

① 中共中央文献研究室：《十二大以来重要文献选编（下）》，人民出版社 1988 年版，第 1415 页。

② 黄蓉生：《大学生思想政治教育若干论题研究》，人民出版社 2016 年版，第 675 页。

③ 沈壮海：《思想政治教育的文化视野》，人民出版社 2005 年版，第 276 页。

中央出台了《关于进一步加强和改进大学生思想政治教育的意见》，指出“要深入发掘各类课程的思想政治教育资源，在传授专业知识过程中加强思想政治教育，使学生在学习科学文化知识过程中，自觉加强思想道德修养，提高政治觉悟”①。高校各课程都是有效的德育载体，各学科教师都担负着育人职责。从2014年至今，党中央针对未成年人思想道德建设以及高校学生思想政治工作颁布了一系列政策机制。上海就紧紧抓住这一契机，率先推进学校德育课程改革，并且在2016年率先提出了“课程思政”理念。在此之后，为更好地推进课程思政改革，挖掘更丰富多元化的思政教育元素，上海选取了部分条件成熟的学校进行试点，精心制作了一批诸如“大国方略”等的优质课程。高校思想政治工作不能单纯地就思政课而开展思政课，应当打破传统模式限制，站在马克思主义意识形态的高度，以育人本质为导向，打造全过程性的思政教育工作体系，紧紧抓住课程改革这一有利契机，发挥课堂这个教学主阵地的育人作用，发挥课堂教学在立德树人目标实现过程中必不可少的作用，同时深入挖掘其他学科隐含的思政教育资源和条件，让各个课程都能展现育人功能，成为有效的德育载体，让各科教师都能积极参与到立德树人目标实现过程中。随后，国家进一步颁布了《关于进一步加强和改进新形势下高校宣传思想工作的意见》《关于加强和改进新形势下高校思想政治工作的意见》，在这些意见中都给出了类似阐述，引导各高校深挖不同学科承载的思政教育资源，打造合力育人模式。

---

① 中共中央文献研究室：《十六大以来重要文献选编（中）》，中央文献出版社2006年版，第182页。

2016 年，中央 31 号文件中吸纳了上海市探索建立的三位一体教育模式，即发挥思政课的核心作用、专业课的辐射作用及综合素养课的支撑作用。

2017 年，党中央和国务院颁布的《关于加强和改进新形势下高校思想政治工作的意见》再次强调了课程思政的重要价值意义，同时还具体指出："坚持全员全过程全方位育人。把思想价值引领贯穿教育教学全过程和各环节，形成教书育人、科研育人、实践育人、管理育人、服务育人、文化育人、组织育人长效机制。……要充分发掘和运用各学科蕴含的思想政治教育资源，健全高校课堂教学管理办法。"此后，《关于深化教育体制机制改革的意见》强调，"健全全员育人、全过程育人、全方位育人的体制机制，充分发掘各门课程中的德育内涵，加强德育课程、思政课程"，逐步扩大课程思政的地区实践范围，同时将其纳入国家战略体系。同年底，中共教育部党组针对进一步提升高校思政工作质量颁布了《高校思想政治工作质量提升工程实施纲要》，对"课程、科研、实践、文化、网络、心理、管理、服务、资助、组织等'十大育人'体系的实施内容、载体、路径和方法"进行了详细规划，并且将课程育人置于首位，并正式采用"课程思政"的提法。同时指出，积极推进"三进"工作，以建设课程思政为契机，创新课堂教学，进一步优化课程结构，做好教材修订，有针对性地展开教学设计，提高教学管理质量，充分展现出每个学科在思想政治教育领域的价值作用，以课堂教学为主阵地，在完成知识传授的同时实现思政教育目的。2018 年，教育部针对新形势下高校形势与政策课程建设颁布了《关于加强新时代高校"形势与政策"课建设的若干意见》，认为"形势与政策"教育类的选修课同样具有重大的课程思政价值。2020 年 5 月，教育部《高等学校课程思政建设指导纲要》的颁布实施，意味着“课程思政”从设想走向实践，从雏形设计逐渐体系化，从点到面。

二、“课程思政”是创新的教育模式

马克思认为，人类历史产生存在的基本前提是有人这一生命体的存在。恩格斯晚年也曾提到，“根据唯物史观，历史过程中决定性因素归根结底是现实生活的生产和再生产。无论马克思或我从来没有肯定比这更多的东西”①。从这一层面看，“嵌入式”道德教育模式实际上就是融入公民的现实生活，无论是与文化、行动还是制度的嵌入，最终都会回归到生活，而我们大多数人的一生都处在这种日常平庸的生活中。公民道德教育领域备受争议的一点，就是传统教育形式与现实生活相脱离，道德和生活之间的隔阂，让我们逐渐迷失了道德的本质。因此，无论是理论还是实践层面，都发出了让公民道德教育回归生活的呼声。基于这一背景，道德教育回归生活，实际上就是将道德教育渗透到日常生活中，实现二者的相互融合与统一。无论是二者的有机结合，还是让道德生活化，对于生活来说，道德都是一个外在的东西，二者并没有形成一个不可分割的整体。理论层面的生活化，在现实实践中，由于公民被动卷入公民道德教育中，这实际上是对现实生活的干预，在特定情形下甚至是野蛮粗暴的干扰，并非真正的道德教育回归。“嵌入式”教育恰恰带来了新的教育理念和路径，能够让教育工作者科学理性地把握公民道德

① 恩格斯：《致约·布洛赫》信件（1890 年 9 月）。

教育问题。道德教育的关键并非“教”，而是内化，并且是嵌入式的内化。嵌入的核心并不是将外在的道德要求，强加给生活，而是要将道德逐步内化为生活的一部分，并能够积极主动地参与生活，融入个体生命发展进程中，成为生活的必要构成以及内在逻辑。由此，才能真正实现德育教育与生活相同步。值得注意的是，要真正实现嵌入，而非简单地卷入，必须充分发挥人的主体作用。就这一层面而言，“课程思政”是一种嵌入式的教育模式，是充分展现人的主体，以人为生活中心的创新性教育模式，这显然与人的全面自由发展追求高度契合。

第二章

课程思政的实践价值及溯源

高等院校担负着为国家培养和输送高层次人才的重要责任，学校所培养的人才不仅要具有丰富扎实的理论知识和精湛的专业技能，还要具备优良的道德品质和过硬的政治素养。高等院校以培养德才兼备的高层次人才为目标。课堂教学和实训实践教学是高校大学生实现德才兼备目标的两大主要路径，高等院校所开设的课程都应具备这样的培养功能。以往很长一段时期，公民德育教育或高校的德育课程都采用“卷入式”的显性教育，降低了隐性课程的育人作用，而思政课程也没有取得预期育人实效，并且与其他课程之间越发背道而驰，给全面贯彻落实立德树人根本任务带来很大阻力。由此，显现出高等院校推进“课程思政”改革的必要性和急迫性。

第一节　隐性育人

长期以来，高校大学生价值观教育被认为是思想政治理论课的任务和职责，经过以往较长时期的探索和实践，最终的教育成效并不理想。无论哪一门课程，育人都是其最基础性的功能，因此，高等院校开设的每一门课都应具备该功能，但落实情况不尽如人意。高等院校建设“课程思政”的过程实际上就是让其他学科重新回归育人功能，也就是释放和挖掘思政课外其他课程的育人作用，进而能够与思政课共同构建价值观教育体系，实现教育目标。

一、落实“三全育人”中全过程育人的需要

中国共产党自成立以来就始终重视思想政治工作，始终将其作为一切工作的生命线。我国高等院校思政工作不能只做表面文章，也不能局限于某一时期或者某个环节，而是需要建立全过程性思政工作体系。而全过程育人实际上就要求将思想政治教育融入教育教学的所有环节当中。为了实现立德树人这一根本任务，全过程育人就要求高等院校将知识教育与价值教育融为一体，在探索遵循教育教学、大学生成长成才基本规律和特征的基础上，更好地挖掘课堂教学以及教育实践在实现立德树人目标中的价值作用，由此实现非间断性、全过程性展开思政工作，实现过程与结果可持续的目标。

将思政工作融入整个教育教学的全过程，关键在于如何处理好衔接关系。“思想政治工作和教育教学虽然都具有育人功能，而且都致力于为国家培养输送建设者和接班人，但是二者毕竟在运行逻辑和管理方式上不尽相同。”① 其中思想政治工作的主要任务在于：将社会主流价值观念传递给受教育者，确保受教育者能够充分认可和接受这一价值观，进而能够内化为自身的行为准则、外化为良好的行为，进而维护和推动社会价值秩序，这是一种典型的“规范性逻辑”；而高校教育教学主要任务是通过课堂教学和科研育人，同

① 杨晓慧：《高等教育“三全育人”：理论意蕴、现实难题与实践路径》，《中国高等教育》2018 年第 18 期。

时在这一基础上还留有自主空间，表现出鲜明的专门性，属于典型的“知识性逻辑”。因此，课程思政建设实际上是如何更好地协调规范性逻辑和知识性逻辑之间的关系，实现思政工作的全过程性渗透，释放出不同学科长期以来被忽视的“思政元素”，以求实现内在逻辑的有机统一。

教育教学过程可以简单划分为以教师为主体的“教”和以学生为主体的“学”两部分，这一过程并非单向传递过程。如果仅仅是从教师到学生的单向传递过程，就是我们所说的“卷入式”教育。而我们提倡的“嵌入式”教育模式，要求专业课教师有针对性地设计面向大学生的价值观教育实践活动，其中包括理论知识和专业技能培养，同时在这一过程当中渗透价值观和道德教育要求，确保他们的思想和行为符合社会发展要求。传统育人工作实践中，国内高等院校普遍认为价值观教育是思政课以及思政课教师的主要任务，导致育人体系出现了明显的单一化和断层化趋势，同时，也造成了这一体系愈加闭塞保守。

“课程思政”建设要求建立连续非间断育人体系。具体来说，就是从大学生入校到毕业的整个接受高等教育的阶段，所有任课教师都必须始终牢记立德树人的根本任务，从课程性质和教学内容入手，寻找专业课知识和价值观教育的契合点，打造连续非间断的思政工作体系。以“三全育人”推进思政工作，是决定立德树人成效的关键。

二、提升专业课教师政治素养的需要

如果高校仅对思政课教师提理想信念要求，仅要求他们积极学习马克思主义理论、坚定马克思主义信仰，仅通过开设几门思政课的方式展开大学生价值观教育，这显然远远不足。高校大学生普遍认为大学就是用来学专业课的，因此，大学生相对来说比较重视专业课程。我国高校课程思政建设过程中，专业课教师能否担负起课程思政的任务，将价值观教育渗透到知识传递和能力培养中，关键在于专业课教师的信仰是否坚定、政治素养是否过硬。从普遍意义上看，知识教育更多的是让学生拥有更丰富的知识储备，为掌握特定技能奠定坚实的理论基础。而“课程思政”是实现价值观教育与专业课知识教育的有效融合。课程思政对于专业课教师提出了更艰巨的教育任务、更高的要求。专业课教师的信仰是否坚定、政治素养是否过硬，会对学生的情感、态度及价值观产生重大影响。专业课教师必须坚定马克思主义信仰，树立崇高的中国特色社会主义理想，坚持共产主义理想信念，并将其作为毕生价值追求。专业课教师不仅要明确掌握国家的人才培养目标、全面落实立德树人根本任务，始终牢记 “为党育人，为国育才”的初心使命。所以，提升专业课教师政治素养，深入细致地挖掘知识体系潜藏的思政元素，不断提高自身的感染力和引导能力，真正实现“让有信仰的人讲信仰”，也正是发挥专业课育人价值的关键。

课程思政建设要求专业课教师具备更强的综合素养，单纯依靠某一学科无法实现培养学生政治素养的目标，同样也不利于综合能力提升，多个学科的交叉与协作显然成为当前教育的主流发展趋势。思政课教师为专业课教师提供必要协助，共同分析和探究不同学科潜藏的德育资源、伦理逻辑，找到最佳思政元素。同时建立定期分析总结制度，制订课程思政实施方案，并将其纳入学科授课计划，同时列入教学大纲，并转化为课堂讲述内容，从而显著提升各学科教师综合素养，能够更从容地分析和解决问题。

三、挖掘专业课程“思政元素”的需要

对于大部分人而言，都希望通过高考这一“独木桥”，进入高等院校接受高等教育，进而成为更有素养的公民。当今世界处在两个“百年未有之大变局”，思想政治斗争、意识形态渗透日益强化。随着我国综合实力的增强，在全球舞台上的影响力不断提高，那些大肆鼓吹“马克思主义过时、马克思主义不行了”的国家，从未放弃过对我国的思想文化渗透，而这对于正处于价值观培养关键期的大学生产生了直接的负面影响。高校所开设的课程除了带有明显的政治意志之外，隐含着特定的教育目标，同时也是展现教育内容的重要载体，是学校组织开展教育实践活动的重要依据。要引导学生“扣好人生第一颗扣子”，高校不仅要让学生增长知识，还要学会生活，学会自我面对生活、处理各种人际关系，增强他们的社会适应能力，增强责任感和使命感，树立正确的权利义务观。传统教育理念认为，学校是传道授业解惑的主阵地，传道是目的，而授业和解惑是两种手段。而长时间以来，我们的教育者逐渐遗忘了这一传统。尤其对于专业课程来说，大部分专业课教师认为自己的主要任务是授业和解惑，而传道仅停留在口头上或者书面文字上，没有深入学生的心理，根植学生的价值观，难以成为指导学生言行的标准，成为“无本之源”。随着新时代的到来，高等院校面临着更高要求的立德树人任务，也让广大教育者逐渐觉醒，认为应当将传道广泛渗透在授业和解惑当中，进而将教书育人融为一体。

课程是大学生接受价值观教育的主要载体，任何一门课程都包含知识、方法和价值三个基本维度，并且三者之间是一个紧密相关、相互渗透且不可分割的整体。无论是专业课还是思政课，都潜藏着丰富多样的思政教育资源，都可以挖掘出“思政元素”。而专业课与思政课相比，在课程吸引力、感染力方面更有优势，更能与学生同频共振。专业课程的“课程思政”元素蕴含着“启迪人们智慧、激发爱国热情、拥有社会正义感、负有社会责任感、具有文化自信、充满人文精神等价值范式的思政元素”①，因此，挖掘专业课中的思政元素，最大限度地释放专业课的育人功能，是高校建设课程思政体系的必然要义。深入探究其他学科隐藏的思政教育资源，共同构建更广泛意义上的大思政教育体系，引导学生学习和把握马克思主义以及马克思主义中国化的创新性成果，为思想政治教育夯实理论基础。

第二节　推动思政教育改革

教育效果问题一直是课程教学的永恒主题，传统思政课教育更多地以“卷入式”教育为主，教育者被动地参与思政课教育，该方法过于被动且僵化单一，存在教育实效不理想等普遍缺陷，由此无法实现预期教育目标。而随着课程思政改革理念的提出，能够有效地弥补“思政课程”教育效果的不足，与“思政课程”一道，“形

① 杨守金、夏家春：《“课程思政”建设的几个关键问题》，《思想政治教育研究》2019 年第 5 期。

成具备正确价值领航功能的课程体系”[①]，深入推动思政教育创新性改革，进而改善和提升大学生价值观教育成效。

一、延伸教育理念的需要

教育理念是“教师在长期教育实践活动中，经过亲身体验和理性思考形成的，关于教育本质、规律及其价值的根本性判断和观点”[②]。教育理念与教育思想显著不同，教育理念是教育思想产生的重要基础，同时也是对教育思想的凝练与概括。教师作为最古老神圣的职业之一，是接受社会委托而专门开展学生教育的实施者。人类发展至今积累和传承的科学文化、思想品德继续传承下去，这是每位师者的使命和任务。从社会层面看，教师扮演着传承和传递科学文化知识的角色；从学生层面看，教师扮演着开发和启迪学生智力、塑造学生个性的角色。高校主要依靠课堂教学，是价值观教育的主要渠道。然而，大多数高校普遍将大学生价值观教育归结为思政课教师的分内工作。大部分思政教师为了更好地实现价值观教育目标，在多个方面进行了探索和创新，但最终效果并不明显。直至2014年，上海选取部分学校先行展开试点，打造出一批诸如“大国方略”等中国系列课程，让广大思政课教师充分意识到单打独斗的教育理念显然无法满足新时代大学生日益多样化的思政教育诉求，

① 陈文婕、余达淮:《提升新时代高校思想政治理论课程质量的三个问题》，《江苏高教》2019年第7期。

② 王作亮、张典兵：《教育学原理》，中国矿业大学出版社2015年版，第113页。

仅依靠思政课教师很难充分实现大学生价值观教育目标。以上这些滞后、偏颇的教育理念是价值观教育效果不理想的原因之一。高校育人工作是一项系统性工程，需要建构全方位多层次的育人工作团队，充分发挥专业课教师的创造性潜能，让专业课逐渐回归其育人本质，只有这两类课程的渗透和融合，才能更好地实现思政育人目标。2016 年 11 月 19 日，有关专家在上海社科第十四届学术年会思政教育专场上提出了“课程思政”这一新兴教育理念，为改变思政课教师孤军奋战局面提供了重要契机。

教师作为人类历史上最古老的一种职业，接受社会委托，专门实施学生教育，必然是担负着将民族积淀的科学文化知识价值观传承下去的任务。苏联著名教育学家瓦西里·苏霍姆林斯基主张应当开展有“温度”的知识教育。如果教师传授给学生的知识缺少“温度”，学生仅仅处在被动参与的状态，不能激发学生内心的认同感，无法真正走进学生头脑和内心，那么就很难达到理想育人效果。“课程思政”理念的提出，拓展了大学生思政教育的内涵和外延。每个学科都承担着育人责任，都需要发挥教师的主观能动性，将知识传授和价值引领结合起来，将育人元素巧妙地融入专业知识讲解中，确保大学生能够树立正确的是非观，能够更理性客观地分析和解决问题，确保为高校实现立德树人目标注入新鲜血液。所以，“课程思政”延伸了教育理念，推动了“思政教育”改革，是提升教育效果的需要。

二、拓展教育方法的需要

“方法是人们为了认识世界和改造世界，达到一定目的所采取的活动方式、程序和手段的总和。”[①] 而教育方法是指教育主体为了实现特定目的，组织开展各项教育实践活动所采用的方式方法的总称。尽管它并非教育教学实践的实体构成，但与教育教学实践不可分割，二者紧密相关，一旦离开了这一活动，教育内容也失去其依存的载体。教育方法可以称得上是人们在以往教育实践探索中初步形成的教育活动准则，实质上是人们以积累的经验为基础，更好地探究和把握教育教学规律，并能自觉应用。首先，教育方法作为一项重要的教育教学活动准则，在整个活动当中发挥着重要的中介作用。要想实现教育目的，必然需要正确运用方法，而特定的教育方法又能将教育主体和受教育主体有效衔接起来，为实现教育目的提供工具和手段。其次，教育方法服务于教育任务及目的。教育目的及任务，在很大程度上决定了教育实践中所采用的教育方法，并且一旦教育任务和目的发生变化，就要随之调整教育方法。在新时代，涌现出了更多的新情况，这就使我们的教育活动面临一系列更艰巨的新任务，因此需要推进教育方法创新。最后，教育方法与教育理论紧密相关。教育理论实际上是教育实践经验的升华和凝练，同时又能够为教育实践提供指导，而这一过程显然需要借助特定的教育方法。

通常情况下，思政课教育大多采用直接灌输法，就是将马克思主义的理论以及思想政治教育理论直接传授给大学生，同时以公开透明的方式进行价值观教育，这就是传统的“卷入式”教育模式。

---

① 陈万柏、张耀灿：《思想政治教育学原理（第三版）》，高等教育出版社 2015 年版，第 219 页。

实质上，思政课具有鲜明的理论性，这也是传统喜欢采用直接灌输教育法的重要原因。直接灌输法就是思政课教师在课堂或实践活动中，公开阐述知识或价值观教育，以直接精准的语言引导大学生进行探索思考，进而实现预期教育目的。该教育方法最突出的特征在于信息量庞大、工作效率高，并且具有广泛的适用范围。然而，该方法直接坦诚公开教育目的，学生在这一模式更多的是被动参与者，没有产生主动学习需求，甚至会产生逆反心理。大学生不是积极主动地认知和学习，这是直接灌输法最典型的缺陷。该方法在很大程度上让思政课程以及思政课教育逐渐被孤立和被边缘化。我国高校思政课程建设的一大要求就是推动“卷入式”不断向“嵌入式”教育模式方向转变，将价值观广泛渗透到学科知识传授中，进而将知识和技能学习与价值观养成融为一体，这实际上是典型的隐性教育法。此项教育方法最突出的特征在于相对隐蔽，并不是公开展开价值观教育，而是将其隐藏在知识传授和能力提升教育中，不仅能够促进学生知识体系完善，还能同时备受价值观的启迪和教育，在弥补思政课直接灌输法缺陷的同时，大幅提高思政教育成效。

三、强化实践教育的需要

人类能够产生和发展的根本原因在于劳动实践，同时实践又为人类进行自我教育提供了基本途径。大学生作为我国最宝贵的青年人才，积极参与社会实践是大学生实现成人成才目标的必要路径。参与社会实践能进一步深化大学生的专业知识理解，同时更深刻地感受到知识学习的最终目的：更好地推动社会发展，树立更强烈的社会责任感和爱国主义意识。同时社会实践“作为课堂专业理论教育的进一步延伸和素质教育的重要载体”[①]，能够显著提高学生的操作能力和社会适应能力。在实践中，学生也更能感悟培养思想道德及文化素养的重要意义。因此，高校应当坚持探索和创新实践育人形式。思政课是当前高校大学生思政工作的主要渠道和载体，更多的是开展理论教育。从概念上看，理论教育是思政课教师按照特定的思政课教学内容，即以马克思主义以及其思想理论为主要教育内容，让广大青年学生能够在最关键的人生阶段，树立正确的价值理念。思政课教师在课堂理论教学过程中，必须密切联系社会实际。理论作用的发挥，在很大程度上取决于其与社会现实的密切程度，取决于与大学生思想发展需求的契合度。另外，理论教育要贴近社会现实，这样大学生能够站在更科学的立场上分析和看待问题，提出更合理的问题解决方案；同时，还要密切观察和结合大学生的思想发展需求，提高理论教育的针对性。

然而，在具体教学实践中，尽管部分思政课教师能够实现理论和实践的有机结合，能够以大学生当前的思想现状为立足点，但思政课的对象是全校学生，群体规模大，这就给开展社会实践活动带来了诸多不便。正是这一现象的存在，导致大多数思政课的课堂抬头率不高，学生对课堂理论知识普遍不感兴趣，也无法将价值引领转化为自身的行为准则，最终的教育效果并不明显。“课程思政”能有效地弥补这一缺陷，我国高校课程思政建设不仅要充分发挥各学科教师挖掘思政元素和思政教育资源的积极性，同时要让相关管

---

① 张子睿、卢彤：《思想政治教育实践育人理论与对策研究》，经济日报出版社 2019 年版，第 1 页。

理部门能够更全面深刻地认识大学生思政工作，比如，二级学院以及学生处可通过组织开展红色文化教育、社会公益以及支教等活动，为传统课堂教育提供更广阔的教育场所和视野，通过引领大学生积极参与社会实践，深化理论认知，这显然与思政课价值目标相一致，同时也能够为思政理论课提供必要的辅助。

四、实现课程思政与思政课程互补功能

“思政课程”与“课程思政”作为育人工作的显性功能和隐性功能，采用“卷入式”和“嵌入式”的不同教育方式，各自的侧重点不同。新时代条件下推进课程思政改革不仅是建构协同育人体系的必然要求，最根本的是为了更好地实现立德树人目标，为社会输出更高质量的毕业生。

（一）落实学校立德树人根本任务的需要

我国知名教育学者陶行知曾提到，做人最根本的是道德，如果道德坏了，纵然你有渊博的知识和过人的本领，也毫无用处。由此可见，道德无论是对个人成长还是社会发展都是不可或缺的。立德树人，将德放在首位。每个个体只有明大德、守公德、严私德，自身的才华才能用得其所。2019 年，中共中央办公厅、国务院办公厅共同颁发的《关于深化新时代学校思想政治理论课改革创新的若干意见》中明确指出，必须全面落实和推进大中小学思政课一体化建设，使所有课程同思政课程协同发展。

无德则无以立人。就个人层面来看，习近平总书记认为德除了私德之外，还包括大德和公德，从具体层面看，所谓大德就是指国家和社会的道德要求，而公德是指社会公共道德，私德是指向个人

品德和家庭美德；而从集体层面看，高校的立德就是贯彻落实党的各项教育方针，坚决拥护党中央在教育事业的领导地位，坚持马克思主义的教育指导，坚持社会主义办学方向。所以，高校通过“课程思政”建设，能够更全面地落实立德树人目标任务。因此，应当从个体和集体两个层面更深刻地理解和把握立德，不仅要求师生都要“立德”，还要将这一理念渗透到整个教育教学环节，注重个体私德培养，培养集体道德，只有将二者协调统一起来，才能真正地对“立德”问题进行正确、深刻而全面的理解。

“课程思政”不仅符合我国发展的需要，而且体现了在教学领域中始终坚持以马克思主义为指导，坚持社会主义办学方向。要做到更全面深刻地理解和落实立德树人的任务，在教学中应当不断探索新的教学思路，释放和挖掘专业课的思政元素，促进思政课与专业课的渗透和互补，建构协同育人体系，改善和提升育人实效。

（二）促进教师与学生全面高质量发展的需要

首先，实现学生综合素质的全面高质量发展。现在的学生生活在多元文化发展和信息化的社会中，他们大部分还是充满青春活力，思维十分活跃，但是他们面对繁杂的社会信息以及受到多元文化的影响时还缺乏一定的判断能力，这时学校和家庭就成了培养良好判断力和塑造良好“三观”的重要阵地。健康成长包含多个维度立体化的内容，不仅需要知识、才能，同时还要有良好的道德品质、浓厚的兴趣。实现这一目标需要充分发挥“课程思政”和“思政课程”的互补作用，无论是思政课教师还是专业课教师，都应当正确理解和把握，借助课程为学生传授知识的最终目的，理解人才培养辩证法的价值追求，更好地把握道德和知识之间的辩证关系，以实现立德树人目标为导向，促进专业课与思政课的同频共振。在正确认识和把握教育教学和学生成长规律的基础上，改变以往专业课和思政课各自为政的局面，让新时代大学生展现新面貌、新精神。

其次，实现教师综合素质的全面高质量发展。“课程思政”将思想政治理论课教师同专业课教师结合到一起，共同进行研课、备课，甚至同上一堂课。共同挖掘专业知识中蕴含的思政元素，在传授知识的同时渗入德育内容。这打破了思政教育和专业教育的隔阂，促进多学科、多领域知识的相互贯通，促进双方教学能力的增长。比如，教师学习能力、教学组织能力、创新能力，乃至综合育人能力都得到锻炼，有效完善各学科教学内容的全面架构，这样在一定程度上可以使得教师，特别是专业课教师的能力素质全面增强，实现教师综合素质的全面高质量发展。

社会在向前发展的进程中，总会产生一些新的思想和新的主张。但是，任何一种理念的提出或者是一个思想体系的形成都要具备一定的基础，不会凭空出现。“课程思政”这一概念的提出也是如此。在这个章节，我们重点阐述了“课程思政”提出的历史环境以及整个理论发展的核心源头。“课程思政”作为一种新的教育理念，其中所涉及的核心要义就是：实现育人价值，为广大学生提升综合素养以及个体高质量发展营造良好的机会。在众多理论当中，关于人的全面发展理论的阐述最为清晰明了的，要数马克思主义。中国共产党领导人关于青年思想政治教育，提出了极具特色的青年思想政治教育目标、原则、理念、内容等论述，蕴含着丰富的育人思想。从纵向看，马克思主义理论和中国共产党领导人关于青年思想政治教育的论述是我国高等院校“课程思政”建设不可或缺的理论基础；

从横向看，潜在课程理论、教育性教学论、建构主义学习理论及人本主义心理学等学科的相关理论也为我国高等院校“课程思政”建设提供一定的理论指导。

第三节 课程思政的历史溯源

一、马克思主义关于人的全面发展理论

高校思想政治教育的关键任务是为了实现学生的全面成长与成才，实施“课程思政”的重要目标同样也是为了大学生的全面成才，培养德智体美劳全面发展的新时代青年。对“课程思政”这一个理念所提出的历史渊源进行分析，可以看出，马克思主义教育思想中关于人的全面发展理论是“课程思政”理念的理论源头之一。在《1844年经济学哲学手稿》这部书籍当中，马克思和恩格斯两位著名的革命党人就针对劳动和人的全面发展的关联性进行了分析。在此之后，《德意志意识形态》和《共产党宣言》等比较具有代表性的文献著作，又对相关的内容进行了深度的阐述和分析。前者提出的核心观点就是：社会分工会对人的异化有着影响作用，而后者明确指出“每个人的自由发展是一切人的自由发展的条件”[①]。这一个理论体系将人的全面发展摆在了战略高度，马克思和恩格斯关于人的全面发展的理论，主要涵盖了人的个体能力的不断发展和优化、人的社会关系的多元化发展以及人的个性化发展等。在马克思的思维认知当中，

① 马克思、恩格斯：《共产党宣言》，人民出版社2014年版，第51页。

人的全面发展是一个永恒性的实践性话题，人的发展和教育活动以及学习活动之间也是有关系的。马克思认为教育“不仅是提高社会生产的一种方法，而且是造就全面发展的人的唯一方法”[①]。毋庸置疑，马克思这些先进理念的提出为高校课程思政工作的开展和优化提供了十分坚实而又全面的理论支撑。“马克思主义理论的最终归宿是实现人自由而全面的发展，是思想政治教育的重要理论基础和直接理论依据。”[②]

“课程思政”已经成为新时代背景环境下高校思想政治教育工作不断发展的一个创新举措和新型探索。这项工作内容应该与专业课程教学相互融合。“课程思政”不仅能够让广大的学生获取丰富的专业知识，同时，也能够促使其形成正确科学的价值观。这对于大学生个体的全面解放以及自身的全面发展都是大有裨益的。从目标上来看，“课程思政”所提出的目标导向和马克思主义的人的全面发展的目标导向是不谋而合的。而后者恰恰为“课程思政”建设目标实现提供了价值索引。

二、毛泽东关于思想政治教育目标的论述

毛泽东同志对于青年学生的发展给予了高度的重视。针对广大青年学生的思想政治教育活动，他认为应该关注两个问题的处理和

① 马克思、恩格斯：《马克思恩格斯选集（第三卷）》，人民出版社2012年版，第710页。

② 陈万柏、张耀灿：《思想政治教育学原理》（第3版），高等教育出版社2015年版，第35页。

解决：第一个问题是培养成为什么样的人？第二个问题是为谁服务的人？其实就是成为有社会主义觉悟、有文化的劳动者和“又红又专”的接班人。

首先，成为有社会主义觉悟、有文化的劳动者。“有社会主义觉悟”要求每一名青年学生都能够有坚定的信念，都能够树立为人民服务的基本理念。毛泽东同志曾经在抗大[①]时期，就青年阶级立场的问题进行过分析，青年要积极接近工农，下定决心为工农服好务。毛泽东同志在五四运动20周年纪念会议上，也明确地提出了如下的要求：广大的青年要为社会的不断发展而奋斗不息。他坚信：“中国将来一定要发展到社会主义，这样一个定律谁都不能推翻。”[②]当然，他还叮嘱毛岸英在什么情况下都不能够放弃自己的信心和恒心。摒弃“与人民利益不相符合的个人主义的虚荣心”[③]，无论自己当前所面临的任务是什么，无论自己未来会学到什么，只要你坚定不移地去做，就一定会有收获的。中华人民共和国正式成立之后，毛泽东同志又与时俱进地要求每一位青年在自身事业的发展上都应该具有蓬勃旺盛的生命力。为人民服务是我们学习和工作的出发点同时也是落脚点。当然在前进的过程当中，面临困难和挫折是不可避免的，但是这是事物发展的必然现象，总体趋势是光明的。为此，毛泽东同志基于马克思主义理论的战略高度，对广大青年的政治立场提出了牢

① 中国人民抗日军事政治大学，简称“抗大”，是中国共产党在抗日战争时期创办的培养军事和政治干部的学校。

② 毛泽东：《毛泽东选集（第二卷）》，人民出版社1991年版，第563页。

③ 中共中央文献研究室：《毛泽东书信选集》，中央文献出版社2003年版，第265页。

记全心全意为人民服务的要求。“有文化”则是要确保每一名青年学生都能够积极主动地学习，能够丰富自己的头脑，能够丰富自身的知识架构，能够在自我发展的道路越走越远。毛泽东同志认为“有字之书”就是基础理论，而“无字之书”就是实践。只有两者并重，才能够推动一个人的全面发展。缺失了知识，任何事情都办不成，“年轻人就是要多学一些知识，多掌握一些本领，更好地为人民服务”。学生的本职工作就是要踏实而又认真地学习，才具备为军民服务的本领和能力。

在毛主席的观点当中，他是不赞成过度关注实践知识而轻视课堂知识的。他说：“现在有的中学和大学把许多基础课程都放松了，这是一种危险。学校在基础课上打不好基础，要赶上世界先进水平是不可能的。”[①]“劳动者”和“剥削者”本身就是完全对立的两个主体。在中华人民共和国正式成立之后，剥削阶级已经消失不见了，国家的主人就是劳动人民。毛泽东同志提倡每一名青年都应该用正确的眼光去看待劳动，不能看不起劳动，更不能排斥劳动者，在每个人的内心深处都应该树立“劳动最光荣”的意识。无论是对工人还是农民，都应该有一颗尊敬之心；应该尽快破除贪图享乐以及自私自利的腐朽思想，养成自力更生的观念、艰苦奋斗的意识和勤俭节约的好习惯。

我国高等院校是中国共产党领导下的学校，承担着为社会主义事业培养建设者和接班人的重要任务。社会主义是我国各级院校的

① 邓力群：《毛泽东与科学教育（下册）》，中央民族大学出版社2004年版，第396页。

办学方向，同时也是“课程思政”建设的方向。毋庸置疑，高等院校必然会成为课程思政的关键阵地。专业学科教师对于大学生价值观念的引导和渗透既要关注基础理论知识的传授，同时还要关注实践能力的培养。否则，价值观念的教育就不会取得预期的良好效果，甚至会偏离既定的科学轨道。这就意味着不管是专业课教师还是大学生，社会主义觉悟的提升是至关重要的。课堂是大学生接受文化洗礼最关键的基地，但是大学生还要积极地参加学院所组织的具有“课程思政”性质的实践活动。在丰富多彩的实践活动中，让大学生能够更深刻地体会社会主义核心价值观，更深刻地认同我们社会主义的办学方向，从而成为具有社会主义觉悟的有文化的劳动者、建设者。

其次，成为“又红又专”的接班人。“又红又专”是毛泽东同志针对一些知识分子和青年学生没有科学地处理好政治领域和业务领域的关系而提出来的，“红与专、政治与业务的关系，是两个对立物的统一……不注意思想和政治，成天忙于事务，那会成为迷失方向的经济家和技术家，很危险”[①]。经济工作、技术工作与思想工作、政治工作等不同工作之间是存在密切关联性的。前者需要后者的方向引领。也就是说，思想工作和政治工作必须有经济基础服务作为支撑和保障。反之，倘若思想工作和政治工作的主线不够明确、方向不够明晰，那么经济工作和技术工作则会偏离正确的方向。为此，毛泽东同志认为广大青年要积极地实现思想政治领域上的“红”，

---

① 中共中央文献研究室：《毛泽东文集（第七卷）》，人民出版社1999年版，第351页。

这里的红无疑指的是树立以无产阶级为导向的价值观，以为人民服务为价值追求，“全心全意地为人民服务，一刻也不脱离群众”①；业务上要“专”，鼓励我们要把专业的基础理论知识学精、学透、学深，要掌握前瞻性的技术，让为人民服务的本领和能力不断提升。因此，对青年学生是否能够成为合格接班人的评价少不了“又红又专”这一个关键的指标要素。从实际操作的层面上来看，不仅要对青年的思想政治觉悟状况进行考量和分析，即对劳动人民的态度与工农群众结合的程度，还要对他自身所具有的能力和本领进行考量和分析，即为人民服务的本领和水平。

随着社会的不断发展和进步，我国高等教育面临的任务更艰巨，面临的挑战更多元。我国高等教育是将大学生培养成为具备为国效力本领的准职业者的关键基地，也是帮助大学生树立为人民服务正确崇高价值观的关键场所。大学生不能盲目地学习知识，还要知道学习这些知识的意义何在，要知道自己是要为谁服务的。我国高等院校“课程思政”的优化和发展需要发挥专业教师的知识渗透力量，其中，不可或缺的一个目的是对无产阶级先进价值理念的渗透。培育坚定社会主义方向不动摇，牢记共产主义远大理想，成为既具有政治觉悟又具有过硬本领的“又红又专”时代新人。

三、习近平关于青年学生思想政治教育内容的重要论述

人的全面发展是马克思主义的最崇高理想和高价值追求，追求人的全面发展也是中国共产党一以贯之的理想目标。思想政治教育

① 毛泽东：《毛泽东选集（第三卷）》，人民出版社 1991 年版，第 1093 页。

要真正走入课堂当中去，要真正地走入学生管理当中去，走入教学教学大纲、人才培育方案、教案、课件中去，走入校园文化当中去。

“课程思政”已经成为高校立德树人任务目标落地实施的突破口，同时也是全面破解高校思想政治教育工作“孤岛”困境最关键的方法和举措。

第一，理想信念教育。青年时期是理想信念养成的关键时期。青年的个人发展如果没有理想信念作为支撑和引导，必然会导致“软骨病”。久而久之，青年的价值观念以及价值判断就会产生错误，对青年的未来发展非常不利。因此，对于广大的学生而言，理想信念越科学、越正确，越能够发挥精神支柱的作用。

第二，社会主义核心价值观教育。社会主义核心价值观应该成为广大中华儿女共同的价值理念和价值导向，也应该成为青年学生思想政治教育中最关键的内容之一。

第三，中华优秀传统文化教育。一个国家要发展，一个民族要进步，就需要有内在的精神力量作为鼓舞和支撑。在我国不断发展壮大的过程当中，文化自信是一个必要的组成条件。这些优秀的传统文化是支撑中华民族不断向前发展的源源不竭的动力之源和精神之源。青年学生在中华民族伟大复兴目标实现的过程当中扮演着主力军的角色。因此，对这个群体进行优秀传统文化的教育和渗透也是大势所趋。

中华优秀传统文化教育活动对于广大青年自身素养的提升具有十分重要的影响，既能够使广大青年树立正确的价值理念，也能够促使他们更明晰双肩上承担的责任。所以，在具体教育过程当中，应该关注如下两点关键内容：其一，要深度挖掘中华民族优秀传统文化深厚的内涵底蕴；其二，要对这些优秀传统文化进行传承和创新，只有这样才能够满足时代发展的基本要求。对于教育主体而言，要有创新、变革的智慧和勇气，要积极地引入丰富多彩的教学模式，将其中的关键性内容和优势性内容，毫无遗漏地传递给广大青年学生，让这些传统文化的魅力和价值得到充分彰显。

第四，社会主义法治教育。青年学生是推动国家未来发展的中流砥柱，同时也是法治社会的新生力量，未来法治中国建设目标的实现少不了他们的身影。

青年学生的社会主义法治教育活动和道德教育活动应该是相辅相成的。“课程思政”要求专业课的教师应该将社会主义核心价值观、中华优秀传统文化、宪法法治内容渗透到知识传授与能力培养之中，教育引导大学生“坚定中国特色社会主义道路自信、理论自信、制度自信、文化自信，将社会主义核心价值观内化为精神追求、外化为自觉行动，提高运用法治思维和法治方式维护自身权利、参与社会公共事务、化解矛盾纠纷的意识和能力”[①]。如上提到的所有内容和青年学生思想政治教育的内容都是高度相关的。

第四节　课程思政的学科基础

“课程思政”不仅以马克思主义理论和中国共产党领导人关于青年思想政治教育的论述为理论遵循和行动指南，还对国内外学者

① 教育部关于印发《高等学校课程思政建设指导纲要》的通知，http：//www.moe.gov.cn/srcsite/A08/s7056/202006/t20200603_462437.html。

所提出的前瞻性、科学性的教育思想的精华进行了汲取和借鉴。尤其是潜在课程理论、教育性教学论、建构主义学习理论及人本主义心理学等都为我国高等院校“课程思政”建设提供一定的理论指导。

一、潜在课程论

早在 1968 年，“潜在课程论”这一理论就被正式提出，其提出者是来自美国的著名教育学家菲利普·杰克逊。这一理论一经提出，就在整个国际社会领域引起了广泛的关注和重视。除了杰克逊之外，以劳伦斯·科尔伯格等为代表的人物在这一个理论的发展以及实践应用上都发挥了十分重要的作用。科尔伯格指出：“讨论潜在课程的教育影响，就是讨论它是否以一种在道德上可以接受的方式传递某种有价值的东西，或是否能使某种有价值的东西以一种在道德上可以接受的方式传递”，并提出它通过非显性课程对学生进行内隐的、间接的道德教育。关于“潜在课程论”的研究，有一个核心的理念，那就是潜在课程发挥着比显性课程更隐蔽、更无声、更无形的作用。如此一来，这就为我国“课程思政”建设目标的全面实现提供了大量有价值的启示，究其原因在于，“课程思政”本身就是要全面地挖掘和梳理不同学科当中所蕴含的“思政元素”，并且在对这些元素进行精心的提取融入之后，开展潜移默化的教育活动，让其育人的“隐性”功能作用大放光彩。

课程思政隐性育人是将思想政治理论课、通识类课程、专业课程等课程有机结合起来，并在实践中根据不同课程的自身属性特征以及理论思维的方式方法，借助挖掘、分析、融入、结合等手段，将思政元素渗透到教学体系当中。这便是一种十分典型的“嵌入式”

教育模式，可以达到“润物无声”的育人效果。特别是要将不同课程中所蕴含的丰富的、隐性的思政育人资源，通过潜移默化的方式，融入课程知识，传授给学生，帮助广大大学生树立正确的理想信念、厚植爱国主义的情怀，起到陶冶情操、温润心灵、释放创造、创新活力的作用。

二、教育性教学论

“课程思政”这一基本思想的提出和西方国家的教育性教学论也存在极为密切的关联性。教育性教学理论认为：无教育的教学活动和无教学的教育活动都是不存在的。该理论是约翰·弗里德里希·赫尔巴特在《普通教育学》中正式提出的。他说，“我得立刻承认，‘无教学的教育’这个概念是不存在的，正如反过来，我不承认有任何‘无教育的教学’”，教学应该承担起“道德教育”。这跟我国的思政教育有异曲同工之妙。赫尔巴特明确指出：“教育的唯一工作与全部工作可以总结在这一概念之中——道德。道德普遍被认为是人类的最高目的，因此也是教育的最高目的。”

赫尔巴特的“教育性教学”概念十分明晰而又精准地提出了教学活动不仅是知识传授的活动过程，也是德育教育功能目标实现的活动过程。教学目标的实现少不了课程这一个载体的价值作用的发挥。这也就意味着在课程教学活动当中要对关键的基础理论知识进行传授，还要对道德教育内容以及核心价值观的内容进行融合与渗透，只有这样才能够真正实现教育性教学的基本目标。“课程思政”便是对这一个核心理论精髓的接收和升华。“课程思政”当中所表现出来的教育性功能是相当强烈的。

“课程思政”具有教育性，其“教育性”就是育人功能和价值引领。课程是“课程思政”的关键的平台和载体。“教育性”指育人，是灵魂。因此，根据赫尔巴特“教育性教学”与“教学性教育”思想的理解，可以将课程思政看成是一种典型的“教育性教学”活动，其依托的是课程，发挥的是教育的功能属性。“课程思政”并不只是单纯地将思想政治教育活动局限在思想政治课程理论当中，而是认为各学科都应该全面地挖掘和提取包含思政内容的元素。而从教育和教学两者关系以及其实现的根本目的上进行阐述，“课程思政”是对西方教育性教学理论当中科学内容以及合理内容的全面借鉴，与此同时也对这一个理论进行了重新的创新和升华。

三、建构主义学习理论

来自瑞士的著名心理学家让·皮亚杰提出了一个十分著名的理论，那便是建构主义理论。这个理论以儿童和客观环境的相互影响作用作为突破口进行研究，其核心观念是：学习是在已经获得的知识结构的基础上，再次进行有意义的建构。建构主义学习理论强调以学生为中心，认为在教育教学活动当中应该全面发挥、保障学生学习主体地位，帮助和引导学生对已有知识进行主动建构和自主探索，培养学生问题意识。它包括知识观、学习观、学生观、教学观等内容。

知识观认为每个个体的知识不是对现实的客观反映或完全准确的表达，只是人们借助符号系统对客观现实做出的一种“假设”“解释”。知识不是静止不变的，是发展演化的，不存在绝对的终极真理。知识是个人经验的合理化，也受到当时社会文化因素的影响。知识总是内在于主体，每一个学习者对知识的理解只能够基于自己的经验背景而建构起来。知识不是被动接受的，而是认知主体积极建构的。生存是掌握知识的目的。

学习观认为学习是认知结构的改变过程，同化和顺应是学习者认知结构改变的两种主要途径，通过“同化—顺应—同化”，循环往复，实现“平衡—不平衡—新平衡”的相互交替，不断促进认知结构的重组与发展；认为影响学习的关键因素包括先前经验、真实情境、协作与对话、情感、错误与失败、评价等。

学生观非常重视学习者的经验，认为学习者由于生活的积累已形成一些观念，当问题呈现在他们面前时，他们能用自己的认知能力形成对问题的某种解释。所以，建构主义认为，教学不能无视学生的经验，而是要把学生现有的知识经验作为新知识的生长点，引导学生从原有的知识经验中生成新的知识经验；注重以学习者为中心，要让学生主动参与到学习过程中；尊重学习者个人意见，既然知识并不是世界的绝对真理，只是个人经验的合理化。因而，建构主义理论主张不能简单地以正确或错误来区分人们不同的知识。

建构主义教学观是以建构主义知识观、学习观等为指导的。建构主义倡导的教学模式是建构主义教学理论在现代教育技术的支持下产生的，目前具有广泛影响的教学模式有四种：抛锚式教学模式、认知学徒制教学模式、随机通达教学模式、支架式教学模式。

“课程思政”是隐性育人，正是通过一改以往传统的灌输性教育，改变“卷入式”教育方式，采用“嵌入式”的方式，即通过创设课堂情景、优化育人环境等，以学生为中心，以提升学生的课程学习体验、学习效果、知识建构、知识转化等作为基础支撑，让教师扮演主导者的角色、学生扮演主体者的角色，全面激发起学生的参与热情，全面焕发起学生的主观能动性。同时，要对不同专业的育人目标进行深度的研究、对不同学科体系当中蕴含的思想价值以及精神要点进行全面的挖掘和提取，这样才能够让课程的广度和深度无限延伸。

对于我国很多高等院校而言，“课程思政”建设目标的实现，对专业课程教师提出了更高的要求。专业课程教师不能停留在价值观念以及基础理论知识传授的层次上了，要让广大青年学生的主体性地位得到全面凸显，要帮助他们进行全新的知识体系的搭建。例如，专业课教师在专业课程当中对一些隐性的思想政治教育内容进行挖掘和提取一定要和大学生的日常生活高度相关，与大学生的兴趣点相结合，只有这样才能够引起大学生的共情。因此，建构主义理论也是我国高等院校“课程思政”建设具有重要指导意义的理论基础。

四、人本主义心理学

早在20世纪中叶，人本主义心理学就在美国悄然兴起。这是对人的本性、经验以及价值等进行深度研究的心理学。其中，包含的研究内容和研究方向是比较广的，例如，对人的本性的研究、人的潜能的挖掘、人的创造力的分析以及人的意向性的探究、自我选择和自我实现的探索等。在人本主义心理学当中以人为本是核心宗旨。亚伯拉罕·马斯洛和卡尔·兰塞姆·罗杰斯是最具代表的两位人物。

研究学者马斯洛提出的潜能论、人性本善论以及需要层次理论是具有代表性的基础理论。他的核心观点在于，要对人的不同诉求进行全面的研究以及进行类别划分，这样才能够更清晰、精准地区分出人和动物之间的差异性。他也认为人的诉求是根据不同的层次逐渐发展的，生理是最基本的诉求。

罗杰斯的人格自我心理学，其中以人格理论和以人为中心疗法理论等为典型的理论代表。他提出的核心观点在于，在心理治疗实践和心理学理论研究中发展出人格的“自我理论”，并提出了“患者中心疗法”的心理治疗方法。对于每一个人来说，“自我实现”都是与生俱来的动机。罗杰斯进一步阐述：首先，在心理学的研究领域来看，应该将某一个独立的个体看成是一个整体，而不能够将它的心理进行分解；其次，他对于人的因素是高度关注的，他尤其提倡要发挥学习者的中心性作用，每一个学习者都是有意识、有想法以及有目的的主体，他们能够对自己的行动进行控制和塑造。除此之外，他还将学习者看成是学习活动的中心人物，关注学习者个人潜能的全面激发，这样也能够为学习者的自我肯定以及“自我实现”夯实基础；再次，主张有意义的或有经验的学习；最后，促进学习者学会适应变化和学会如何学习。

简而言之，就是强调德育要人性化，将学生摆在中心位置，教师应该关注学生兴趣点和个人潜能的激发，让学生在主动学习的道路上越走越远。与此同时，罗杰斯还提出人本主义德育教育目标的实现必不可少的三个构成要件：其一，是真诚；其二，是接受；其三，是移情性理解和无条件关怀。这与我们的“课程思政”又有异曲同工之妙。因此，我们提倡的“课程思政”也是扬弃了人本主义心理学的一些理论，而发展升华的对学生德育教育的新理念。

进一步研究人本主义心理学与课程思政之间所呈现的关联性，我们还可以从如下四个核心要点进行探讨：

第一，需要层次理论拓展“课程思政”的深层价值。在思想政治教育的自身价值被给予简单的认可之后，当前现有的理论研究和实践研究又不能够完全证明这一个认可的时候，人们就会做出如下的假设和猜想：经常提到的思想政治教育活动是否有其必要性和积极价值呢？是否能够借助已经拥有的既定经验和相关方法进行证明和分析呢？这些带有学科边缘性和实践解构性的疑惑会影响到课程思政生命力的提升，同时也会使得人们对于这一学科的兴趣和热情逐渐减弱。这也就意味着“课程思政”的深层价值的挖掘是我们需要面对的关键课题。

著名的心理学家马斯洛提出了比较具有代表性的需求层次理论，在这一个理论当中，他将人类的价值体系化成了两个不同的层次：其中一层是低级需求，而另外一层则是人的高级需求。相比较低级需求而言，高级需求所发挥的价值作用更为突出。举例来说，对比在简陋狭窄房间里的人，一个在比较宽敞的房间里的人，心情会更为愉悦，会更为健康。一旦人们发现了自己更高层次的价值，在内心对这种价值的认同感就会不断地增强。正是鉴于这种思考，马斯洛提出了这样的想法：理想的社会，不仅要关注人的基本需求的满足，同时还要关注人的高层次诉求的满足，并为鼓励人们积极地追求自我以及为人们实现自我营造良好的机会。将这一理论和思想政治教育价值进行整合性研究，它不仅使视域范围得到拓展和延伸，也能够提升“课程思政”的先进性与时代性。需要层次理论为思想政治教育价值体系构建提供了心理学基础和理论支撑。

第二，健康人格理论增强教育者主导作用。所谓的人格魅力，包含一个人的信仰、智能以及品行和智能等多种因素，就是在多种因素的相互凝聚作用之下形成的一种感召力。著名的心理学研究人员高尔顿·维拉德·奥尔波特说：“人格乃是个人适应环境的独特的身心体系。”与此同时，来自美国的著名心理学家尤金·简德林也提出了自己的想法和主张：一个人的人格魅力的基本表现，可以从他对别人以及对整个集体的真诚以及热心来呈现；对自我的要求相当严格，而且积极向上，不仅对自己充满信心，又不妄自尊大；无论是对待学习还是对待工作，都表现得十分勤恳；对于自我的接受能力和悦纳能力比较强，想象力也处于比较丰富的状态；在逻辑思维的表现上比较具有创新性。借鉴奥尔波特的健康人格理论，能够让思想政治教育人员养成较为良好的心理素质和职业素养，在工作当中始终保持一种热情的态度。当然，这还能够让他们形成较为高尚的道德品质，能够积极地发挥榜样的带动作用，借助自己的人格力量去感染他人、鼓舞他人，最终让思想政治教育者发挥更加显著的主导性作用。

第三，个体特征研究法创新思想政治教育方法。在人本主义心理学所提出的研究结论当中，有这样的表述：一个人所处的成长环境不同，所具备的先天素质不同，会在某些领域上表现得差距很大。个性特征不同使得个体对于不同事物所给出的反应、态度以及灵活性是有较大的差异性的。个体特征研究方法指的就是借助对个性案例的分析来判定不同个体所表现出来的特殊发展规律性，从而提出对同类案例的推论和解释。

就当前的现状来看，思想政治教育方式方法的创新取得的效果并不理想，“一刀切”的现状仍然十分严峻。在以上提到的“人本主义心理学”的个性特征研究法的支撑和影响下，能够让这些难题得到有效的化解。无论是城乡差异，还是年龄差异等都会导致教育对象存在不同的心理特征。心理特征会从气质、性格以及能力三个层面进行表现，思想政治教育人员一定要了解不同个体的特征和属性，并以此为依据，进行因材施教，进行差异化的教学模式，这样才能够取得预期的良好效果。

第四，人本主义教育观促使“课程思政”各要素协同发展。脱胎于人本主义心理学的人本主义教育观，其理论体系是相对完整的，而且其中所提到的观点包含了各个不同的要素：目的观、课程观（以“真实问题”为主的课程内容）、学习观、教学观（“以学生为中心”的教学模式）、师生观（营造融洽的师生关系）、教育评价观（注重学生“自主评价”的教学评价）六个方面。由此可以清晰地看出，教育观是人本主义心理学的核心应用范畴。这一个观念也应该积极地引入“课程思政”的范畴当中，这对课程思政多个要素的发展大有裨益，而且也能够全面地吸收“完整人”理念，进而从主体、环境以及评估、模式等因素进行综合的协同发展。

第三章

个体心理学与课程思政

在上一章中，我们分析了课程思政历史溯源与学科基础，在课程思政的诸多学科基础中，人本主义心理学是非常重要的存在。这一章，我们将引入阿尔弗雷德·阿德勒的“个体心理学”，讲讲个体心理学同人本主义心理学的关系，分析个体心理学的基本观点及个体心理学在课程思政实践运用中的启示。

第一节　个体心理学对人本主义心理学的影响

我们可以将阿德勒看成是人本主义心理学的先驱，他同时是个体心理学的创始人，是精神分析学派第一个社会心理学家。“个体心理学”并不是单纯地指个人主义或者自我中心，其强调的是人与社会的一体性。“个体心理学”侧重从社会因素的角度探讨人格的形成和发展以及神经症的成因与防治的心理学体系。“个体心理学”要归属到精神分析的范畴当中，但其实“个体心理学”是内部向西格蒙德·弗洛伊德的“精神分析”开战的第一个理论体系，对精神分析由生物还原论的本我心理学转向社会文化取向的自我心理学起了积极的推动作用。

阿德勒的“个体心理学”对后来的新精神分析和教育等领域产

生了重要影响。由于下一章我们会详细介绍个体心理学和分析个体心理学对“课程思政”的启示，所以这里对个体心理学只做简单介绍，点到即止，主要分析一下“个体心理学”对“人本主义心理学”等流派，以及阿德勒对亚伯拉罕·马斯洛、卡尔·罗杰斯等心理学代表人物的影响。

阿德勒在研究活动当中提出了这样的观点：人是一个不可分割并且高度整合的实体，不同的人有着不同的目标，他们总是在寻求着人生发展的意义，总是在为自己的理想实现而努力。所谓“个体”指的并不是单独某一个人或者是在个体领域所出现的任何差异。个体指的是一个和社会以及他人相互联系并且不可分割的高度完整的有机整体。他的个体心理学，是对亚瑟·叔本华生活意志论和弗里德里希·威廉·尼采的权力意志论的继承和发展，对弗洛伊德学说进行了改造而产生的。它尤其关注人的意志的影响作用。他认为人类所做出的一切活动必然会受到“向上意志”的支配和影响。我们可以将其看成是人们与生俱来的一种内驱力。多种因素最终汇聚成一个统一性的目标：要在各方面都获得优越感，要比他人强，要出人头地。这种优越感是奋斗的内在支撑，与此同时，也是推动着个人和整个民族不断向前发展的关键动力。

阿德勒“个体心理学”对“人本主义心理学”的影响非常深远，其关注的是人的整体性和创造性，人的自主性和选择性，提倡个人价值的全面发挥。在马斯洛撰写的《存在心理学探索》当中将阿德勒看成是“第三势力”心理学家的代表人物，理性情绪疗法创始人埃利斯则认为“阿德勒是人本主义心理学创始人之一”。以下我们从阿德勒对人本主义心理学代表人物马斯洛和罗杰斯的影响进行分析。

一、阿德勒对马斯洛的影响

马斯洛最初的研究工作是动物研究，他在威斯康星大学师从哈洛教授。也正是在那个时期，他对阿德勒的理论表现出了强烈的兴趣。马斯洛所撰写的猿猴支配和性行为的博士论文，实际上就是对阿德勒理论的研究和发展。他还撰写过《个体心理学与猿猴的社会行为》。在文章中，他认为对于灵长类动物的交配行为而言，社会性因素发挥的影响性作用更为明显。阿德勒所提出的整体意识观等理论对他的影响可见一斑。在此后的研究当中，马斯洛致力于对阿德勒理论的深度探究和发展。马斯洛在去世之前曾经发表过一篇文章，指出："对我来说，阿尔弗雷德·阿德勒年复一年地变得越来越正确。正如这些事实表明，越来越强烈地维护着他这个人的形象。我必须指出，尤其在他对整体性的强调这一点上，这个时代仍然还没有赶上他。"

我们可以具体从以下三个方面来分析阿德勒对马斯洛的影响。

首先，人的本质存在便是自我实现。在马斯洛的心理学体系当中提出了"自我实现"是人最核心的本质存在。"每个人都以某种方式显示出具有某些独特的创造力或独创性。"自我实现者是人的创造性的最终实现。与此同时，马斯洛所提出的自我实现观和阿德勒的创造性自我呈现出了一种继承和发展的关系。在马斯洛的观念当中，有机体是一个高度统一的整体，无论是人的主观经验还是客观世界都是整体存在的，这也让自我实现朝着更完整的方向发展。

其次，自我创作构成独特的生活风格。在阿德勒的理论当中提出：对生活中所出现的各种问题的应对和解决方法的不同，呈现出个体间不同的风格、不同的能力。在人格当中，创造性自我是最关键的组成要素。正是有了这一个要素的存在，才使得每一个人都能够对自己的行为进行控制和负责。与此同时，马斯洛还进一步提出了自我实现者的创造性会在整个生活当中有所显现，其首先关注的要素是人格，其次关注的要素是品质。人格的行程会受到遗传因素和环境因素的深刻影响。同时，他还提出自我实现者会根据自己的创造性对生活的风格进行重构。

最后，自然主义价值观。从传统层面上来分析，人本主义心理学被看成是首次创新性地将人的价值问题提上研究日程的心理学理论。实际上，阿德勒就十分重视主流心理学所回避的价值、意义等概念。他提倡“自然主义价值观”，认为人类之所以存在就是为了寻求某种意义，就是为了彰显某种价值，主张形成一种不依赖他人的主观判断的“真正有效的道德系统”。价值观念也是一个具有明显意义的道德体系，会对人们的生活进行调控和引导，促使社会向健康的方向发展。

阿德勒所指的社会兴趣即体现这种价值观。社会兴趣“是人类物种的自然条件，是把社会连接在一起的凝聚剂”。这是对人的心理健康状态进行衡量的关键因素，与此同时，也是对人类价值观念进行评判的关键指标。马斯洛认为高度的心理健康才是自我实现的核心保障。凡是自我实现者，一定具备较高的社会兴趣。自我实现者不会体现出“以自我为中心”，而是关注与其他主体之间和谐关系的建立。

二、阿德勒对罗杰斯的影响

罗杰斯也算是阿德勒的一名学生，他在博士实习期间曾经在纽约阿德勒儿童指导新研究所实习。阿德勒所提出的与他人迅速建立良好的关系的发展模式对他产生了极为深刻的影响，并且在后期的漫长实践当中，他也受到了很多的启发，最终创建“以人为中心”的治疗模式。罗杰斯在去世前不久曾回忆说：“我有幸能遇见、聆听、观察阿尔弗雷德·阿德勒博士……我被阿德勒博士迅速与孩子和父母建立关系的方式震撼了，这种方式非常直接又看似短程。我花了一些时间才意识到我已从他那儿学到多少东西。”

第一，“以人为中心”的治疗模式。为了能够从阿德勒那里学习建立良好治疗关系，罗杰斯付出了许多的时间和努力。在阿德勒的治疗过程当中，治疗主体和来访者所形成的氛围是比较和谐的。与此同时，罗杰斯也认识到治疗的过程要讲求方式方法，建立信任也是不可或缺的关键要素。阿德勒学派治疗师的任务在于“向来访者传授与合作者交往的经验，然后使他能把这个意识到的社会兴趣转移给别人”。罗杰斯将这种对他人的积极关注认定为“无条件积极关注”。每一名治疗师都应该重点关注来访者的不同情感诉求，并且这种关注是无条件的。阿德勒学派的治疗师将来访者的生活看成是个人理念以及个人情感世界高度整合的结果。

共情也是咨询师从来访者的内造参照体系的维度出发，设身处地地感受来访者的内心情感世界，并且将这种感受的结果反馈给来访者。阿德勒学派治疗师在体察来访者情绪，理解来访者内心上具有十分丰富的经验。“这样一个个体是宽容的，即他是理智、善解人意、能共情和认同的。”罗杰斯认为在以人为中心的治疗模式中，应该将真诚一致摆在重要位置。治疗师要对自己充满信心，要关注自身的情绪，与此同时也要成为来访者的榜样，让他们能够在相互的咨询中获得更多的领悟、思考和积极体验。

第二，学生兴趣的教育引导。阿德勒充分认识到教育的重要意义，他反对在儿童教育活动、成人教育活动和失败者再教育活动采取“灌输式”和“填鸭式”的教育模式。他认为提高儿童的合作能力是教育的关键目标。教师所完成的每一件事情都应该是和学生高度相关的，并且能够激发起学生参与兴趣，反对使用严厉的惩罚手段。罗杰斯反对“教师是领导者、知识的拥有者，而学生处于过度被动的地位”的传统的师生关系。他认为良好师生关系构建具有积极价值，并且认为教师和学生之间，应该呈现出一种十分和谐的朋友关系，应该相互信任，这样学生的潜能才会得到全面的激发。阿德勒和罗杰斯所提出的教育思想是高度吻合的。

阿德勒曾说：“儿童的可教育性得自于他先天的、分化了的和成长着的社会兴趣的广度。”而社会兴趣是一种必须发展的最基本的潜能和素养，每一个拥有社会兴趣的个体，都能够表达出对于其他人的高度重视。这也就意味着教师应该成为具有高度的社会兴趣的人，这样的教师会更关注学生、关爱学生，能够为学生社会兴趣的发展提供目标指引。与此同时，罗杰斯也认为教师对待学生应该以一种真诚和尊重的态度，只有表里如一，才能够营造出和谐良好的师生关系，才能够引起共情，进行心灵上的沟通交流。而且学习的过程也是教师和学生共同参与、共同发展的过程，学生必须对自己的选择承担一定的责任。

第二节　个体心理学的主要观点

上一节中，我们分析了阿德勒“个体心理学”对“人本主义心理学”

及其代表人物的影响。接下来，将更详细地给大家介绍“个体心理学”。阿德勒指出，人的主观直觉将塑造人的人格及行为。人们的成长与发展并非由事情自身决定的，而是很大程度上取决于我们对事情的看法。

一、追求优越

阿德勒指出，追求优越是人们行为的根本动力。追求优越除了与人们先天行为有关，也与人们的后天发展紧密相连。出生之初，只有潜能。从 5 岁起，则逐渐构建优越的目标，以此促进心理建设。阿德勒指出：自卑感与追求优越二者间紧密相关，追求优越体现为对自卑感的一种补偿。另外，阿德勒还对追求优越的不同方式进行区分。一种为仅仅寻求个人优越，而对他人的关注度不足，表现为过度夸张的自卑感；另一种为寻求完善、优越的个体和社会，令身边不同的人均能从中获得收获。

二、自卑与补偿

阿德勒指出，追求优越的主要动力是自卑与补偿。他强调，自卑与补偿是天生存在的。主要是一个人在婴幼儿阶段，他们在心理、生理等不同层面都不存在优势，需要在成年人的帮助下方可生存，所以很容易出现自卑和补偿心理。从婴儿成长为成年人后，当成年人面对困难，也会产生一种无法实现目标的无力感与无助感，对自己所具备的条件和表现感到失望与不满，对适应环境生活缺乏安全感，对自己所做的选择不敢确定，个人存在感、价值感受挫，这就是自卑。它表现为心理上的一种紧张状态。由于“人不能长期地忍受自卑感，它一定会使他采取某种行为，以克服并超越这种自卑状态，做出补偿”[①]，补偿是心理防御机制的一种，是个人追求某种目标受挫或因某种缺陷自卑时，努力发挥自己的优势，力求在某方面得到弥补，获得优越感的现象。如果自卑感一直不能得到有效的补偿，就会产生自卑情结。所谓自卑情结，是指“当个人面对一个他无法适当应付的问题时，他表示绝对无法解决这个问题，此时出现的便是自卑情结”[②]。就是一个人在面对问题时无所适从的表现和悲观的情绪。通常来讲，自卑与补偿属于一种正常的现象，能够增强人们的主观能动性。如果，一直未能成功地得到补偿，便很容易出现严重的自卑心理、自卑情结，逐渐导致心理疾病。

三、生活风格

阿德勒将人们寻求优越的生活方式叫作生活风格，不过阿德勒又给出其他概念界定，包括人的个体性、个人风格等。不同群体具有各不相同的生活风格。阿德勒指出，对 5 岁上下的儿童来讲，孩子就已形成了生活风格。人们的生活条件、家庭关系等将对其一生的生活风格产生决定性影响。阿德勒给出三种不同的研究途径，分别为早期记忆、出生顺序以及梦的分析。阿德勒将个体追求优越目标的方式统一叫作生活风格。他强调，一个人的生活风格，可以看作一个人自己的人格，表现为人们面对问题时采取的措施，以及期

① A·阿德勒：《超越自卑》，刘泗编译，经济日报出版社 1997 年版。
② 阿德勒：《自卑与超越》，作家出版社 1986 年版。

望对人生做出贡献的愿望等。另外，阿德勒在强调儿童在 5 岁左右就形成了生活风格的同时，也认为这种生活风格只是停留在潜意识层面。为引导人们加强对自身生活风格的理解和认知，阿德勒提出三种不同的途径。第一，出生顺序。阿德勒强调，家庭生活中，父母如何教养子女或对子女的关注程度，通常会结合子女出生顺序的不同有所改变，同胞兄弟姐妹间也通常在彼此争宠中出现竞争的情况。所以，长子比较聪明，渴望取得成就，不过对竞争比较担忧；次子偏向于开展竞争，反抗性强；幼子、季子志向远大，不过容易懒散，抱负很难得以实现。独生子女的性格与长子比较类似，主要是由于独生子女的竞争通常来自学校同学。第二，早期记忆。阿德勒结合人的记忆存在创造性、主观性等特征，指出了解个体早年生活的记忆，能够帮助我们了解其独特的个性产生的原因。第三，梦的分析。阿德勒强调，人的潜意识、意识构成一个统一的整体。所以，通过梦的分析，可以了解人的生活风格。

四、社会兴趣

社会兴趣表现为对全部社会成员形成的一种情感，或者表现为对人类本性的态度，体现为与他人开展合作的目的，是促进社会发展而不是对个人利益追求。阿德勒强调，社会兴趣属于人类本性的组成部分，与人的潜能紧密相关，是随着社会环境变化而不断发展的，尤其是儿童能否形成成熟的社会兴趣，受到早期亲子关系的影响。所以，首先需要发展社会兴趣，方能够构建积极的生活风格。阿德勒在衡量心理健康时，还将社会兴趣作为主要评价标准。他强调，能够借助人们包括爱情婚姻、职业选择、参与社会活动等任务的处理来对人们社会兴趣发展状况进行衡量。以上人生的三大任务能够协调处理好的人，表明个体社会兴趣非常丰富；相反，则表明社会兴趣相对匮乏。如果群体缺乏社会兴趣，他们很容易出现两种错误的生活风格，那就是自卑情结和优越情结。他还结合人们社会兴趣特征，对不同群体进行划分，大概有以下四种风格类型：索取－依赖型、回避型、统治－支配型、社会利益型。索取－依赖型、回避型、统治－支配型的人都是错误的生活风格和社会兴趣，只有社会利益型的群体的社会兴趣及生活风格才是得以大力提倡推崇的。

五、创造性自我

阿德勒强调，不同群体的生活风格形成，并非处于被动状态，而是结合自身遗传、经验主动高效地完成创建的。创造性自我能够令自身对生活具有更大的支配权，甚至对人的心理健康、社会兴趣等产生决定性影响。从某种层面上来说，和行为主义的“刺激－反应”模式相比，阿德勒创造性自我思想是与之相对的。在人格形成期间，他非常关注自我和创造性在其中的作用。阿德勒的观点对人本主义心理学家产生了深刻的影响，他们的自我概念均非常关注人的主观能动性。

第三节　个体心理学的主要启示

个体心理学倡导人的社会人特性、创造性自我、自卑补偿以及追求优越。其中，社会人特性是关注“整体”的人。这里所指的整体，在兼容不同对立的同时，还表现为在某面层次下的系统性整体，彰显了人的“整合”性。另外，个体心理学把上述观点运用到健康人格的分析中。个体心理学与马克思主义主张的“人的自由、全面发展”观点相比，更倾向于与西方的极端个人主义思想相类似，没有关注人与自然间存在的能动联系。但是从某种层面上讲，个体心理学也有其积极的作用。也就是说，个体心理学关注个人存在，同时详细地阐述分析了“个人发展意义”，而这对现在建设“课程思政”，乃至推进思想政治教育工作具有很强的积极影响和指导作用。所以，个体心理学给我们课程思政的主要启示是：教育目标应由培养成为合格的社会公民，转向培养成为全面发展的社会公民。

部分国家将思想政治教育称为“公民教育”，主要是凭借思想政治教育活动来对价值观、政治观及文化观进行宣扬及灌输，以此起到巩固和维护统治的目的。“公民教育”主要关注理想公民的养成，不过最终也体现在借助对公民的训导及教育来构建政治共同体。①

我国思想政治教育目标，起初旨在能够将教育对象培养成满足斗争实际的革命者，之后，逐渐调整为满足国家需要的建设者，直到目前，是适应社会全面发展的创新性人才。②《关于进一步加强和改进大学生思想政治教育的意见》于 2004 年颁布，该《意见》特别强调，大学生思想政治教育的目标为实现大学生全面发展。另外，党的十七大报告中也强调，要加强公民意识教育，要培养社会主义

---

① 赵义良、金蓉：《公民教育与思想政治教育的内涵界定与辨析》，《思想教育研究》2017 年第 11 期，第 29-33 页。

② 邱吉、梅雪：《中国共产党思想政治教育目标的历史考察》，《教学与研究》2014 年第 5 期，第 90-97 页。

合格公民。

“课程思政”的建设目标，也蕴含了一定的心理学理论。“个体心理学”的研究对象是积极主动的人格特征、心理情绪及人的幸福，引导人们充分发挥主观能动性，把工作重点放在对人的积极人格特质的培养以及人的潜力挖掘上，在开展激发人们积极品质及潜能的基础上，增强人们的生活品质和幸福感。新时代，国家旨在培养更多的“德才兼备、全面发展”的大学生，应以个体心理学为指引，在保证大学生心理需要能够得以满足的基础上，高度挖掘学生的积极潜能，增强学生主观幸福感，提升学生综合发展水平，促进学生德智体美劳全面发展。所以，“课程思政”和思想政治教育应该令学生能够在寻求幸福与快乐的前提下，自觉成为社会合格公民，同时个人也得到全面发展。此外，美国教育心理学家、教育目标分类学奠基人本杰明·布鲁姆强调，教育目标涉及技能、认知、情感三个不同领域。所以，我们推进“课程思政”“思政课程”建设，并非仅仅引导学生获取有关理论，同时要增强学生思想道德素质，提升学生专业技能，加强学生情感、情怀的培养，树立学生正确的价值观念，培养学生爱国主义精神等，并将强烈的爱国情、强国志、报国行内化在自身的个性价值体系中。

那么，我们如何使得课程思政的目标朝着全面发展、社会公民方向转变呢？我们要制定何种策略来加强对学生情怀、情感的培养，并将之纳入学生的个性价值体系中呢？具体来讲，实现“课程思政”目标，首先需要保证思想政治目标具有实效性。很明显，目前，课程思政建设实效性不尽如人意。

根据社会主义国家大学生思想政治教育的性质和马克思主义的

实践要求，以及高校教育“以人为本”“立德树人”的规定，结合个体心理学注重个体希望、乐观和幸福等主观的体验和价值追求，我们课程思政的建设目标应该着重凸显大学生思想政治教育的工具价值，根据社会需要确定教育目标，更应该从原有的关注思政教育工具价值的方向调整为关注教育本体价值，以此来促进每个群体的自由全面发展，或者是两者结合的成果。详细来讲，我们需要结合个体心理学的思想，确定思想政治教育目标，构建合理健全的目标体系。下面，笔者着重对怎样设立目标和优化体系来进行分析。

一、教育目标应使学生变得快乐和幸福

“幸福具有最高价值，是人生的终极目的，也是思想政治教育等人类一切活动的最终目标”①。教育并非目的，而是我们在寻求探索人生幸福路上的手段。个体心理学对人的内在潜能持有肯定态度，同时指出人们可以发挥自身的力量来协调内心冲突，并促进自我更好的成长。另外，个体心理学主张发掘和培育人所固有的积极力量，确保能够达到一种既定的理想生活。思想政治教育的任务主要是加强对人的培养，其中若仅仅片面地关注“社会本位目标”，却没有关注“个人本位目标”，关注满堂灌的“卷入式”教育，却没有考虑学生的主观体验，则思想政治教育实效性会显著下降。所以，思想政治教育开展中，我们应确保在一种积极放松的环境下进行，提升学生对知识的理解和认知，这也是“个体心理学”给我们的重要

① 柳礼泉、肖冬梅：《积极·希望·快乐·幸福——积极心理学对大学生思想政治教育的启示》，《学术论坛》2009年第7期。

启示。此外，学校开展“课程思政”建设中，培养目标也要关注学生的获得感。

通过上述分析，新时代发展进程中，做好大学生思想政治教育，最重要的目标便是引导学生形成积极健康的幸福观和价值观，特别是要用马克思主义尤其是中国化的马克思主义的幸福观武装学生头脑，令学生摒弃错误的利己主义、个人主义幸福观。使得每一位学生均能够凭借自身的努力，最大限度地发挥自我潜能，提升自我幸福水平。

二、教育目标须令学生形成积极人格

个体心理学关注人格，特别是注重积极人格。它和传统心理学相比，存在着很大区别。个体心理学倡导健全的人格应该表现为：发挥自我优势的自我构建以及外在环境的正确引导。相应地，高校推进思想政治教育，有助于学校对大学生不良行为进行矫正，也可以最大层面地激发学生潜能，令学生形成健全的积极人格。另外，潜能本身存在于学生内心，教育者的主要工作，只须用自己的积极性来回应学生的积极性，让学生发掘自己所固有的积极潜能或品质，引导学生自己形成积极的人格。由此，教育者须采取不同的措施来增强学生学习热情，加强对学生的关注和了解，做好师生之间心与心的沟通和交流。教育者还需要确保教育环境的轻松性、包容性，关注学生的长期综合发展。学生存在不足是正常现象，教育者要相信学生能够在科学的引导下，发挥主观能动性，改正不足，提升自我，实现全面发展。作为高校思想政治教师，在教学中经常会和学生之间产生心灵触碰，这就需要教师保持一种乐观积极的人生观，拥有一双善于发现学生优秀品质的眼睛。即便当学生存在严重的不良品行时，依然需要用一种积极、发展的眼光来看待学生的成长，激发学生改善自我的潜能。另外，教师还应该逐渐转变原有的以问题取向的教学模式，教育方式要朝着更为开放、悦纳、包容的方向发展，引导学生养成积极的人格，促进学生全面发展。

思想政治教育目标，分别从思想、政治、道德等不同角度对受教育者提出要求和标准等方面进行了详细规定，并通过过程把控，确保思想政治教育活动有序推进，影响到思想政治教育效果，进而引导学生积极思想道德品质的养成。目标分类学理论由著名教育学家本杰明·布鲁姆提出，该理论指出教育目标涵盖动作技能领域、认知领域以及情感领域三个不同的方面，这为构建高质量大学生思想政治教育目标体系奠定了重要理论基础。相应地，我们在确定并优化大学生思想政治教育目标的时候，需要统筹协调好动作技能目标、情感目标以及认知目标三者的关系，大学生在接受思想政治教育期间，除了应该在深刻领会、分析、应用中国传统文化传统、中共共产党的精神谱系、优良传统的基础上，还应该引导学生形成积极科学的价值观念、强烈的政治立场，同时能够把爱国主义精神真正地融入自我价值体系的情感目标中，更要能在社会主义实践中，在实现中国梦和中华民族伟大复兴的洪流中，不断实现知觉、定势、适应和创新的动作技能目标。

三、教育目标体系确保价值性、工具性目标的统一性

在设立并优化“课程思政”教育目标过程中，要求我们统筹协调好情感目标、认知目标、动作技能目标三者的关联，引导学生在

接受思想政治教育时，能够做到知晓、领会、分析、应用马克思主义理论及党的大政方针等认知目标；还需要引导学生形成积极的价值观念并增强学生的爱国主义精神，同时将这些精神理念真正地融入情感目标中；更需要学生能在中华民族伟大复兴实现征程中，朝着定势、知觉、创新的动作技能目标不断前进。

德国社会学家马克斯·韦伯指出，合理性包含两种不同的形式，“即价值（合）理性和工具（合）理性”[①]。对于教育的工具理性，即统治阶级为确保社会需求得以实现的前提下，满足自我精神需求。社会主导意识形态与思想政治教育间密切关联。在阶级社会下，阶级性是意识形态的主要特征，在社会发展中以统治阶级的意识形态为主导。统治阶级为加强自身统治的维护，通常借助不同方式方法将本阶级意识形态传递给社会成员，最常见的形式便是开展思想政治教育，“课程思政”也需要按照思想政治教育目标来进行。所以，某种层面上看，“课程思政”主要服务于社会政治发展，这体现了思想政治教育的工具性目标。相应地，思想政治教育满足被教育者的精神文化需要，这即是思想政治教育的价值性目标。

个体心理学理论的代表性概念主要包括“追求优越感”“创造性自我”等，也就是自我实现的需要。对大学生群体来讲，大学生成长发展需要便是自我实现需要。因此，“课程思政”建设期间，也应该满足学生自我实现需要，为学生营造一种健康科学的发展环境，助力学生道德成长，确保“思想政治教育”的价值性目标最终

① 王恒亮：《论思想政治教育目标的和谐之维》，《求实》2014 年第 1 期，第 86-87 页。

得以顺利实现。为了确保教育目标体系能够得以实现，我们要统筹协调好价值性、工具性二者的关系，协调处理好品德培养、政治教育、行为引导三者的关系，促进大学生德智体美劳全面发展。

四、教育目标体系兼顾现实性及理想性的动态平衡

理想性，即以全面增强大学生科学文化素质、思想道德素质为目标，对学生接受思想政治教育后应该拥有的思想道德能力及其掌握程度的一种设计和构想，它为开展大学生思想政治教育提供指引。现实性，即我们在确定大学生思想政治教育目标应该与客观实际结合起来。具体来讲，客观实际涉及下列几个方面：思想政治教育的根本规律、现有生产力及物质精神生活条件、大学生思想品德发展现状等。很明显，思想政治教育目标建设中，如果仅仅关注理想性，却忽略现实性，当出现与客观实际相脱离的情况时，也就很难实现“课程思政”教育目标。所以，教育目标体系建设需要我们在二者之间寻求一种动态平衡关系，并随着时代的发展，随着人们思想认知水平的提高，适时调整教育目标。除了要尊重现实，严格结合学生身心发展现状及社会规律，迎合时代发展，还应该积极回应现实中可能存在的各种矛盾冲突，在做好主流意识形态宣传的基础上，直面各种不同观念、思潮。在社会发展水平不断提升的基础上，确保学生各种身心发展需求能够得以实现，加强对学生积极人格特质的深入挖掘，增强学生的幸福感。

第四章

思政元素选择心理学指引

“课程思政”教育内容——“思政元素”的设计和构建并非由主观随意决定的，而应该与社会要求联系起来。新中国成立初期，我国以巩固新生政权、实现社会主义改造为主要目标。当时开展思想政治教育的目标是“提高学生的社会主义觉悟，培养学生的马克思主义世界观和共产主义道德品质”，核心内容为“爱祖国、爱人民、爱劳动、爱科学、爱护公共财物”。改革开放以来，以“一个中心、两个基本点”为切入点，思想政治教育的内容也进行了多次优化调整。21 世纪以来，随着“三个代表”重要思想、“科学发展观”“中华民族伟大复兴中国梦”等一系列理论的提出，“课程思政”内容也随之出现优化变更，全面融入“和谐社会教育”“科学发展观教育”“生态教育”“中国梦教育”等。

教育内容即便不断调整与变化，在不同发展阶段，也存在各不相同的侧重点，不过不管如何调整改变，始终与党和国家在当时阶段的主要发展目标相符，“思政要素”的关注重点便是为促进国家发展提供服务。不过，随着《关于进一步加强和改进大学生思想政治教育的意见》于 2004 年颁布以来，大学生思想政治教育的内容出现了较大的转变，也就是要“以理想信念教育为核心，深入进行树立正确世界观、人生观和价值观教育；以爱国主义教育为重点，深入进行弘扬和培育民族精神教育；以基本道德规范为基础，深入进行公民道德教育，以大学生全面发展为目标，深入进行素质教育”。此外，还指出要坚持“以人为本”理念开展思想政治教育，将开展思想政治教育与生活、实际联系起来。从中我们能够得出：思想政治内容除了要为国家发展的需要提供服务，还需要加强对学生需求及身心发展的关注。

因此，“课程思政”内容体系建设需要从之前的关注社会需要，不断朝着同时关注社会需要及学生综合发展方向转变。当然，这一转变并不是凭空出现的，而是有着很强的心理学理论依据。一方面，马斯洛指出，人类的需要涉及两个方面：一种为成长需要；另一种为基本需要。对于基本需要，涉及归属与爱、生理、尊重、安全等不同方面；而针对成长需要，表现为个体成长及自我实现的需要。在满足基本需要的前提下，人们才能产生更高层次的心理需要，也称为追求优越感的需要，包括自我实现、美、认知的需要等不同层面。思想政治教育目标实现进程中，“课程思政”的内容作为主要载体，其逻辑表现为把社会发展的不同外化要求，不断内化为满足学生的不同需求，确保能够在满足学生基本需求的基础上，满足学生成长需要，令学生加强对世界的认知与理解，形成科学正确的价值观念，确保潜能得以激发、个性得以张扬。所以，为形成积极有效的教育内容，需要我们在满足社会需要的同时，还要满足学生的自我需求。换句话说，“思政要素”实效性的内容需要从之前的关注社会需要，逐渐朝着关注个体需求及身心发展方向转变。另一方面，维果茨基的最近发展区理论[①]和赞可夫的教育与心理发展的理论[②]认为，教育的前提是学生的身心发展水平，特别是学生心理发展水平。由此表明，我们在选择教育内容上，需要特别加强对教育者心理发展水平尤其是认知需求的关注，除了应关注教育内容可接受性，避免人们可能出现抵触教育内容的情况，还需要为教育内容赋予更高的挑战性，要适当高于学生的身心水平，借助教育，以此来增强学生思想道德发展水平。

研究“课程思政”内容需要发挥诸多不同学科的优势，只有这样，才能够不断丰富并完善“课程思政”内容。运用个体心理学理论，探索研究思想政治教育价值研究的新思路。运用心理学分析理论，在分析“课程思政”内容上，融入马斯洛需求层次理论，为“课程思政”建设奠定重要的理论基础。马斯洛需求层次结构包括人类需求的五级模型，通常被描绘成金字塔内的等级。从层次结构的底部向上，需求分别为：生理（食物和衣服）、安全（工作保障）、社交需要（友谊）、尊重和自我实现。马斯洛需求层次理论为“课程思政”提供有力的哲学基础、理论来源、拓展思想政治教育内容研究的视野、方法等，从而有利于拓展和深化思想政治教育的价值。与此同时，分析思想政治教育价值的方式需要从之前单一开展经验性描述，逐渐转变为多元化方法中。比如，个体心理学主张推崇的

① 王光荣：《文化的诠释：维果茨基学派心理学》，山东教育出版社2009年版。

② ［美］莉萨·博林、谢里尔·西塞罗·德温、马拉·里斯－韦伯：《教育心理学》，连榕、缪佩君、陈坚等中译，机械工业出版社2012年版。

个案研究法、整体研究法等。在第六章，我们将从范例、个案入手，为读者们提供从“思政元素”提取、融入、升华等过程，把课程思政整个实施过程展现给读者们。这里我们只讲“思政要素”内容的选择。

“思政要素”可以看作为教育目标的具体体现，在教育目标实现中扮演着载体的角色，并且直接决定并影响到大学生思想政治教育实效性。此外，大学生思想政治教育理论体系建设中，“思政要素”也是其中主要依据之一。所以，为增强大学生思想政治教育实效性，需要我们在增强“课程思政”内容实效性上下功夫。相应地，为能够达到这一既定目标，需要以心理学理论为参考。那么，“课程思政”的“思政要素”内容如何选择，才能更符合身心的发展、个体的需求呢？接下来，笔者将从分三节内容具体进行阐述。

第一节　适应心理需要

个体心理学指出，人存在追求优越性的需求，也存在创造性实现自我的趋向。马克思在其著作中也经常指出，人的需要是人的根本。[①] 考虑到需要是动机的源泉，并且特定动机将促使特定思想的形成，以此形成特定的行为。从这一层面上看，需要是个体思想与行为的源泉，也是学生接受思想政治教育动机的开端。所以，加强对大学生需求及特征的认知和关注，获取影响人们动机和行为需求变化规律，结合学生需要来探寻科学高效的发展路径，成为目前推进

---

① 中共中央编译局：《马克思恩格斯全集（第 3 卷）》，人民出版社 2002 年版，第 542 页。

思想政治教育实效性建设水平的一种必然趋势。

一、学生需求的变化

根据我国专家学者的分析结论，从中我们能够看出，目前大学生的需求出现了极大的转变。

第一，具有更强的功利性。根据大学生需要结构变化能够得出：大学生需要变化和生活实际紧密关联。大学生在期望能够掌握更多专业知识的同时，也更为关注知识背后蕴含的巨大社会效益及经济利益。大学生需要结构的转变以及求知动机的深层次影响因素表明：大学生应具有确定的功利性和目的性，表现为：选课期间，大学生普遍关注学习专业课，而忽略对人文基础课的关注；关注技术性和应用性课程学习，而对经典和理论课程学习关注度不足。

第二，拥有更强的需要感和焦虑感。随着人们心理及生理向前发展，大学生呈现出日益强烈的需要。在激烈的社会压力环境下，大学生往往对自己的未来发展非常焦虑，此时，便会产生强烈的求知与发展需要。结合有关分析能够得知：在大学生的不同需求中，居于前列的主要为增强生活本领的需求、掌握生存手段的需求等。同时，大学生渴望参与到社会实践活动中，并且渴望能够得到他人的尊重。大学生自我意识不断觉醒，追求独立自主，期望能够获得他人的认同和理解；大学生期望在某一领域有所建树，期望在不断努力奋斗中获得成功。

第三，更为关注实现全面发展。大学生群体具有很强烈的“求职技能需要”“自我发展需要”以及“学习技能需要”。这在某种层面上也是对阿德勒“个体心理学”中人的追求卓越、自卑和补偿理论进行了验证。大学生群体期望能够在不同领域实现自我的全面发展。所以，选择“思政元素”内容过程中，需要关注大学生需求及时代发展的转变，设立教育目标要考虑到大学生的现实需求，引导人们通过思想政治教育和专业教育，激发兴趣、提高素质、开发潜能，实现不断成长、全面发展。

第四，需要的不稳定性。首先，大学生的价值观念、文化水平、知识结构等均对其需求结构产生影响。不过这些影响因素始终处于一种动态发展的状态，因此，需要结构也会出现相应的变化。其次，从需要强度上看，大学生的需要并非固定不变的。受到学习重点转移、环境改变、学生自我能力提升等不同因素的影响，人们需要的强弱程度也会随之出现改变，彰显了需要强度的不稳定性。通常来讲，大学生群体普遍具有学习知识、得到尊重与认可、求职等各层面的需求，但是，如果大学生渴望能够继续求学，则与求职需要相比，他们具有更强的求知需要。随着研究生考试的结束，大学生求知需要将呈现出不断削弱的趋势，此时也会使得其他需要不断增强。

第五，思想品德逐渐发展成学生最大的需要。这是由于大学生在求学阶段正处于思想品德定型时期。其间，学生的品德发展优劣、学习成绩的获得、健康心理的培养、自我实现的满足等，对学生成长乃至今后学习工作将产生根本性影响。大学生品德发展的需要彰显了大学生的本性，其功能主要表现在情感体验、人格发育、价值发生、理想形成等方面[①]。所以，准确分析大学生品德发展需要，有

① 吴林龙：《高校思想政治教育对象有效及理路》，《思想政治教育研究》2016 年第 2 期，第 139 页。

助于更好地推进大学生思想政治教育水平。某种层面上，当且仅当注重大学生思想品德发展需求，为其满足这一需求提供帮助，方能够令大学生加强对思想政治教育的认知，令学生提升对社会要求的接受度。另外，教师在帮助学生满足思想品德发展需要的过程中，除了能够增强师生情感，也能够令学生加强对教师授课内容的理解和关注，由此，思想政治教育实效性将得以显著提升。

二、“思政要素”选择满足学生心理需要

考虑到以上大学生自我认知及需求特征，为提升思想政治教育实效性，在选择“思政要素”时，首先要满足他们的心理需要。

第一，选择“思政要素”首先要严格贯彻落实“以人为本”的教育理念，确保大学生思政政治教育有序推进的逻辑起点。其中，选取“思政要素”应以大学生需求为切入点，坚持“以人为本”的理念，在系统全面获取大学生需求的前提下，尊重学生切实需求，并且对大学生不合理需要进行科学引导。

第二，积极培养学生人文素养，满足大学生求职需求。长期以来，国内教育始终非常关注对最新科技成果和知识的传承与应用，却没有关注成果及知识背后蕴含的科学及人文精神，以及其在对学生精神世界塑造中扮演的重要角色。《资本主义文化矛盾》中，作者丹尼尔·贝尔所指的“现代主义的真正问题是信仰问题”的观点也证明了这一点。这可以理解为一种精神危机，当代人存在的信仰危机，也在目前学生思想政治教育中普遍存在。所以，思想政治教育需要加强对人文精神的关注，令学生彻底摆脱“经济人”，旨在能够通过思想政治教育来加强学生人文精神的培养。

目前，部分技工教育、职业教育始终关注培养高素质技术技能人才。很容易出现一种“重技能、轻素养”的不当理念，这样也对学生综合素养培养造成较大冲击，最终也会影响到大学生专业技能的培养。社会向前发展中，企业对技能人才的要求不断扩大，大量企业在进行人才选拔时均把综合素质作为主要衡量标准，这影响了当今大学生的求职需求。新时代发展背景下，除了应该加大对人才专业技术能力培养，还需要增强学生创新及学习水平、团队合作、职业道德等综合能力的培养。选择“思政要素”需要大力培育人文素养，并将地域文化融入教育教学中，全力倡导工匠精神，增强学生综合能力、人文素养，培养具有深厚文化底蕴、德技双修的知识型、技能型、创新型的高素质技术技能人才。

第三，“思政要素”要尊重学生多元化、多层次需求。大学生需求是客观存在的，确定“思政要素”，加强对大学生需求的认知，是增强“思政要素”实效性的重要前提。大学生存在多元化、多层次需求。我们在选择“思政要素”的时候，就要开展实地调研，明确学生的物质及精神需求，了解学生的内心心理，使内容能够和学生实际生活结合起来，激发学生学习内容的热情，促使学生更为积极主动地接受所学内容。

第四，“思政要素”要引导大学生的合理需求。在认识并改造客观世界过程中，我们也在对主观世界进行改造。要指引大学生从客观实际入手，明确个人需求的标准，统筹协调好社会需求、个人需求二者的关系；指引大学生科学地处理好个人需要与集体需要二者的关系，将保障国家和民众权益放在首要位置上来，个人需要服从集体需求；在保证大学生物质需求能够得到满足的基础上，应引导学生坚定共产主义理想。在此基础上，一方面，我们应令大学生始终保持科学合理的思想动机，保证得到积极的行为结果，在思想、动机、行为等方面形成一种良性循环；另一方面，面对日常学习及生活中存在的各种困难，须引导大学生以一种积极乐观的、端正的态度进行处理，保持一种昂扬的状态，促进自我能力的提升。

第二节　适应身心发展特点

教育应该建立在学生身心发展，尤其是心理发展水平上，并且需要比学生心理发展水平还要高。所以，在选择教育内容方面，需要着重加强对教育者心理发展水平尤其是认知需要的关注，除了保证具有可接受性教育内容，从心理上降低学生抵触教育内容的心理，还应该为教育内容赋予更强的挑战性，通过开展教育，增强学生认知及思想道德发展能力。目前，“00 后”成为大学生中的主体，大学生均处在青年中期阶段。

一、学生身心发展特征

第一，生理成熟期提前。社会经济不断向前推进，大学生面临着更为优越的物质及文化环境，这也在一定程度上前移了大学生生理成熟期。同时，日新月异的社会变革导致诸多大学生提前接触了性知识和性体验，校园内同居现象不断上涨。尤其是《普通高等学校学生管理规定》于 2005 年修订以来，其中加入了“允许在校大学生结婚”的有关内容，这也进一步影响并转变了大学生的性观念。即便大学生的观念出现调整，不过他们并没有出现真正成熟的性心理，很容易出现轻率的决定，在校园内也就出现流产、未婚同居等问题。这不利于塑造大学生健康心理，也对高校开展思想政治教育带来了诸多挑战。所以，选择“思政元素”内容上，需要分别从家庭观、爱情观、婚恋观等角度加强对大学生的教育和引导，增强学生的责任感，引导学生加强自我保护，向不健康的性行为说不，加强对婚育观的科学认知。

第二，心理成熟水平滞后。高校校园作为一个特殊环境，始终推崇并倡导独立和自我意识，为大学生成长提供了积极的发展环境。此外，当今互联网技术向前发展进程中，大学生能够从不同渠道获取信息。并且大学生文化素养能力较强，与普通人相比具有更为突出的分析与解决问题的能力，对待周边事物能够形成自我独特的认知。另外，面对快速发展的时代环境，大学生也容易出现一种紧迫感，期望能够融入激烈的社会竞争中。但是，大学生由于未进入社会，社会生活经验有限，心理发育并不健全，与社会实际依然存在较大的差异。大学生在对客观问题进行分析时，一般会存在些许幻想色彩，不能够系统全面地分析并处理问题。所以，高校在开展思想政治教育，需要为促进大学生自我独立意识发展创造更多的条件，还要对大学生并不成熟的心理状态予以正确科学的指导，引导大学生形成科学积极的价值观。

第三，婚姻观不断调整变化。大学生大多处在青年时期，他们无论是从心理上，还是从生理上，已准备进行恋爱。爱利克·埃里克森强调，青年时期的主要任务是获得亲密感，避免孤独感。[①]多元化社会发展进程中，对大学生婚恋观产生了较大的冲击。大学生存在强烈的爱情需求，高校校园中普遍存在校园恋情，并表现出不断增加的态势；从择偶条件上，关注对方经济实力；对婚恋存在很高的价值认可度；认为高质量的婚姻是事业成功的重要前提，希望婚姻能够使自己更为幸福，促进自身更好发展。大学生婚恋观的调整及呈现出的新趋势为高校更好地开展婚恋教育、增强思想政治教育实效性奠定了重要的基础。婚恋观教育要作为“思政要素”的内容之一，教师及学校管理者必须加强对这一问题的关注。只有在思想政治教育中逐渐加入婚恋知识相关内容，在潜移默化中引导大学生形成正确的爱情观、婚恋观和家庭观，令大学生形成一种对爱情和家庭的责任感，这样方可规避出现不健康的性行为，增强思想政治教育实效性。

第四，心理问题令人担忧。健康乐观的心理状态在当前大学生心理发展中起到主导作用，这个是主流。不过应该承认：大学生消极的负面心理也在校园生活中普遍存在，常见的有依赖心理、冷漠心理、盲目从众心理等。上述消极心理，不利于大学生直面现实问题，甚至会出现隔离、否定现实、厌世等行为；大学生也会出现自我否定，对学习和生活丧失信心；容易出现认知错觉，自我认知能力下降，出现判断失误、消极心态、制约个人发展，严重情况下将出现心理疾病。所以，高校在开展思想政治教育时，需要加强对学生消极心

① ［美］莉萨·博林、谢里尔·西塞罗·德温、马拉·里斯－韦伯：《教育心理学》，连榕、缪佩君、陈坚等中译，机械工业出版社 2012 年版。

理的调研，从根源上分析导致消极心理的因素，创新改革思想政治教育方式，促进大学生积极、向上、健康、阳光心理的养成。

二、根据身心发展特点提升“思政元素”实效性

结合大学生身心发展实际，我们在选择并确定“思政要素”中还应该结合身心发展实际。只有这样，才能提升“思政要素”实效性，进而提升大学生思想政治教育实效性。要做到以下几点：

第一，健全“思政要素”体系。结合学生自身心理特征来对“思政要素”体系进行优化，要求我们在选择“思政要素”时，除了关注社会实际和教育规划，还应该考虑大学生所处年龄阶段及个人需求。所以，结合学生心理规律及身心发展特征，应对学生加强核心价值体系建设。重点做好理论教育，尤其是理想信念教育；优化教育内容，在思想政治教育内容中融入新的思想理论及科研成果，在潜移默化中，为学生注入时代精神教育的有关内容。结合时代发展需要，加强形势与政策教育。加强构建完善的“思政元素”体系，以需求为着力点，满足社会及大学生的实际需求，切实解决学生在日常学习及生活中存在的各种难题。正确把握大学生的接受心理，以使用恰当的接受方式为切入点，使得他们将理论认知转化为理论认同、产生强烈情感、锤炼坚强意志、发生坚定行为。在开展知识交流中，师生应形成共鸣，在知识内化中达成共识，健全规范科学的体系，引导大学生加强理论认知，并用理论指导自我实践，将规

范体系转变为良好的行为习惯。[①]

第二，丰富“思政要素”内容。对大学生开展思想政治教育，关键是提升学生综合发展水平，引导大学生积极全面地参与到中华民族伟大复兴中。其中，为提升大学生综合发展水平，要求我们在构建思想政治教育内容中，应致力于促进学生综合能力发展，引导大学生积极参与到思想政治教育学习中，以增强思想政治教育实效性。由此，需要我们做好下列四个方面的工作：首先，构建“思政要素”除了要尊重差异、包容多样，还应该始终坚持指导思想和主导价值的地位，坚定社会理想信念，用共同理想凝聚力量，并坚持马克思主义的指导地位不动摇；其次，构建“思政要素”要发挥中国特色社会主义理论体系在其中的主体性角色，并且借助上述理论为对思想政治教育内容提供指引；再次，构建“思政要素”要将其和学生实际联系起来，尊重学生的主体地位，在日常实践过程中，促进创新思想政治教育内容不断提高适应性；最后，构建“思政要素”过程中，除了应该继承和借鉴其他相关学科的理论知识，更要在其他学科的理论知识提供的全新理论视野下，与时俱进、开拓创新，不懈地建构思想政治教育内容符合时代要求的新体系。

第三，引导大学生形成科学的婚恋家庭观。在实现民族伟大复兴进程中，大学生扮演着非常重要的角色。大学生能否健康成长与民族伟大复兴能否实现紧密相关。对大学生来讲，婚恋文化具有渗透性强、感染力大等特点。所以，高校在引导学生构建社会主义核

---

① 杨越婷：《新时期思想政治教育内容结构优化研究》，《西北师范大学学报》2016 年版，第 36 页。

心价值观时，也要对学生加强必要的家庭观教育和婚恋观教育，引导大学生形成科学、健康的婚恋观。同时，社会也应做好网络自律与网络监管工作，用提升网络准入门槛、规范网络行为等不同方式来优化网络环境。网管部门也应花大力气来治理黄色网站，提升法制化建设进程。宣传部门要着力监督电视节目内容，对感情类节目、相亲类节目等进行引导和规范，当出现内容低俗、动机不纯等现象时，则不准该节目上线。另外，学校也应对大学生做好必要的婚恋教育，尤其是做好性教育，统筹协调好婚恋教育、思想品德教育、性教育三者之间的关系；学校应结合学生实际，创新学生课余文体活动，主要体现知识性、思想性；协调处理好显性教育与隐性教育二者的关系，在不同学科课程中做好对思想政治教育资源的充分挖掘，增强学生综合素质水平。

第四，加强偶像崇拜教育。大学生处于青年阶段，他们的心理并未成熟，通常会确定某一“偶像”来进行效仿。其中除了与时代因素有关，也受到自身因素的影响。大学生目前普遍具有较高的自我期望值，非常渴望能够达到自我实现，他们能够积极主动地开展学习，关注实用性。价值观念上从之前的追求平凡到目前更多地倾向于追求不平凡，从之前的追求娱乐主义逐渐转变为追求实用主义；并且，大学生行为模式及思维模式上也呈现出多元化的特点；从个性张扬上，具有很强的好奇心，容易接受新鲜事物，期望能够获得自由。[①] 开展偶像崇拜教育，引导大学生群体形成科学的偶像观，需

① 张宝君：《大学生偶像崇拜的调查与思考》，《学校党建与思想教育（高教版）》2010 年第 8 期。

要着重做好下列三个方面工作：第一，做好主导价值观教育。构建“思政要素”体系中应坚持多元性、主导性的特点，在遵从继承性的同时还应发展开放性，在维持中国传统价值理念的基础上，还需要维持西方价值观中的积极元素。第二，带领大学生做好“自我选择与设计”，鼓励大学生自由发展，协调好社会目标与个人价值目标间的关系，确保在社会价值能够得以实现的基础上，最大限度地满足自我价值实现的需要。第三，结合实际选择合理且便于操作的讲座、团体活动、社会实践活动等，充分挖掘学生身边的偶像、技能的偶像、道德楷模，甚至优秀毕业生等，让大学生形成科学的偶像观。

第三节　适应思想品德发展规律

构建大学生“课程思政”体系以及推进大学生思想政治教育，需要结合大学生思想品德发展规律，这样方能够引导大学生将外在的思想品德朝着内在的思想观念进行转化，产生思想品德情感，随后转变为外在思想品德行为。①

一、学生思想品德发展规律

某种层面上，大学生思想品德主要表现在个体上比较稳定的价值认知、思想观念以及行为习惯，其中涉及大学生的思想道德、价值观念等。具体来讲，发展期间，须严格理顺下列三条不同的发展

① 褚海萍：《大学生思想品德形成发展的规律探析》，《山西高等学校社会科学学报》2012 年第 2 期。

规律：

第一，思想品德的产生与发展集中体现了内化、外化间的统一关系。态度形成理论告诉我们：大学生思想品德的产生与发展，主要是令大学生社会思想品德朝着自我内在需要方向进行转化，同时借助行为对社会发生作用。这个过程体现了内化、外化间存在的辩证统一关系。首先，内化是把社会思想品德要求向大学生道德认知层面进行转化，形成道德情感、锤炼道德意志的过程。大学生综合运用包括认同、接纳、决策、吸收等不同手段，在自我思想品德结构中融入社会道德要求、行为规范等内容，同时令其发展为自身的一种行为观念，成为控制并影响自身情感、思想的一种内在驱动力。一个人新的道德认知、情感、意志的形成并不意味着符合社会发展要求的思想品德就已形成，关键要看这种认知能否转化为行为并稳定下来，也就是能否完成外化。其次，外化是把大学生道德认知向道德行为进行转化的过程。道德意志呈现出“人们在践履思想政治品德原则、规范的过程中表现出来的自觉克服一切困难和障碍的毅力”①。受到意志、情感的影响，大学生在日常学习及生活中，体现出个人的自我道德认知，同时在不断重复中最终形成这一行为习惯。凭借此过程，大学生思想政治教育实效性方可真正彰显出来。所以，大学生思想品德的形成和发展是要处理好内化、外化间的统一性关系，内化是外化的前提和基础，外化是内化的目的和表现。大学生形成思想品德过程中，如果不存在内化，那么便很难形成科学积极

① 陈万柏、张耀灿：《思想政治教育学原理》，高等教育出版社2015年版，第128—129页。

的道德认知及道德意志，也就谈不上外化。不存在外化，大学生得到的道德认知存在的价值也不复存在。正所谓“说到不一定就会，做到才是真会”。

第二，形成和发展思想品德与社会实践紧密相关。社会实践是大学生形成思想品德的重要前提，并且与思想品德形成的过程紧密关联。首先，实践中得到道德认知。人具有社会性的特点，认识并改造社会是人的主要实践活动。人的“全部社会生活在本质上是实践的”[①]。开展大学生思想政治教育，教师始终要凭借一定的教育模式，凭借对应的载体思路来向大学生教育并灌输相应的道德内容。从本质上看，我们可以把这一教育过程理解为一种社会实践形式。在实践中，大学生能够形成并掌握社会发展要求的道德观念、价值准则、思想理念，逐渐形成道德认知的雏形。此外，大学生还积极融入社会实践、志愿服务等多种不同类型的社会活动，更进一步的获得道德认知。调查发现：参加过志愿者活动的学生道德感显著高于未参加过志愿者活动的学生。[②]所以，道德认知的过程和社会实践紧密关联。在不断参与社会实践中，大学生逐渐形成稳定的思想道德认知。其次，实践中形成道德行为。道德行为主要是人们在协调不同类型社会关系中形成的。而在协调不同社会关系中，人们开始认识并改造世界，开展社会实践。如果不存在社会实践，则道德行为载体及其发展环境也就不复存在。社会实践中，大学生把道德认

① 中共中央编译局：《马克思恩格斯选集（第一卷）》，人民出版社1995年版，第56页。

② 阿冰、商丽：《当代大学生道德感的发展现状及影响因素》，《课程教育研究》2016年第12期，第59页。

知向道德行为进行转化。从这一层面上看，思想品德的形成过程可以理解为社会实践的过程。

第三，思想品德的形成和发展离不开知情意行相互的作用。人们的道德结构具体涉及道德认知、情感、行为及意志等不同层面。这里，大学生思想道德形成过程中，道德认知属于初始阶段。为了能够令道德认知成功启动并不断向前发展，需要充分发挥道德意志、道德情感的助力作用。乐观向上的主观感受能够引起大学生群体的情感共鸣。强烈的道德情感能够为大学生锤炼道德意志奠定重要的前提，助力道德认知逐渐转化成道德行为。道德意志是对道德认知、道德情感发自内心的高度确认。如果人丧失道德意志，那么在遵守道德规范、践行道德义务过程中便会丧失动力、毅力。某种层面上，大学生形成稳定的思想品德，应该处理好“知、情、意、行”间的彼此关联和影响，当其中任何一个环节不存在时，均很难形成高质量的健全品德，并且人们的道德行为也会由此受到冲击。这里，前提和基础为道德认知，必备条件为道德情感和道德意志，上述因素通过人们的行为习惯和道德行为表现出来，进而能够反作用于道德情感、道德认知及道德意志。

二、根据品德发展规律，选择思政要素内容

结合大学生道德形成及发展规律，我们在确定“思政要素”内容时，应重点做好下列三个层面的工作：

第一，明确大学生思想教育内容。结合目前发展现状，大学生群体对当今党和国家出台的大政方针有极高的认同度，能够为实现中华民族伟大复兴的中国梦，坚定不移地走中国特色社会主义道路；

大学生的爱国主义精神进一步深化，对国家发展取得的伟大成就引以为傲，大学生对国家和社会问题的关注不断提升，开始学会从纵深层面进一步思考问题；道德观念更为完善，形成了相对健全的道德评价体系，道德评价涉及内容不断丰富，具体涉及腐败、国际事件、生态环保、就业等诸多领域，能够结合各领域热点事件给出正能量的评价结果；传统道德意识重新进入人们的视野，倡导形成理想人格，能够做好对传统文化的重新认知，指出要积极弘扬中华民族优秀传统美德；期望能够得到社会及他人的理解和认可，具有强烈的参与意识，能够积极表达自己独特的观点，出现社会突发事件后关注政府对问题的处理方式，大学生的公民意识不断增强；政治体制改革令学生的参政热情进一步高涨，大学生能够以饱满的动力投入中华民族伟大复兴中国梦的建设中，社会与紧密联系，期望能够得到社会各界的理解和关注。另外，大学生道德行为和道德认知存在诸多不和谐的地方，即便大学生群体非常关注国家发展，不过依然存在部分学生并不能够处理好道德行为与道德认知的关系，比如：具有强烈的时代意识，却在责任意识上比较薄弱；具有鲜明的认同感，却缺乏践行能力；具有浓厚的参与意识，却缺乏较强的辨别能力；具有很强的主体意识，却缺乏集体意识；具有独特的个性特征，却缺乏一定的承受能力；对眼前利益关注较多，而对长远利益关注有限，关注实惠及实用，普遍缺乏较强的社会责任意识，部分大学生甚至为实现某一既定目标，做出与道德准则相悖的行为。考虑到这一现状，在选择、提取“思政元素”时，我们应该将大学生思想品德发展现状联系起来，做到知行合一，培养大学生的集体责任感，引导他们树立远大抱负，提升他们的道德认知及判断能力，加强自我修养，为促进社会主义现代化建设贡献更大的力量。

第二，扩大实践性内容。大学生形成思想道德在很大层面上和社会实践紧密相关，优化“思政要素”体系需要结合实际加入实践性内容。借助详细的德育实践内容来引导大学生积极融入社会实践中，形成积极良好的道德品质，提升大学生思想道德朝着更高层面发展。相应地，加入实践性内容的过程中，首先，须考虑到大学生接受教育的背景，关注大学生在不同受教育阶段接受教育的内容，以及学习实践效果，以此为前提，做好不同学习阶段学习内容的衔接，提升各阶段教育内容的关联。其次，应该对学生心理需求、价值取向做好精准分析把控，也就是怎样对思想政治实践价值进行科学评估判断，协调好大学生现实需求、心理准备二者的联系，有助于高校更有针对性地开展教育。

第三，协调好小中学阶段及大学阶段思想政治教育内容的衔接。思想政治教育开展应结合不同时期的德育任务及目标讲授不同的内容，除了确保本阶段道德教育规划能够落实的同时，还需要为接下来促进大学生德育发展奠定重要的基础，保持在不同时期下的道德教育目标、内容等具备连贯性，特别是协调好小中学阶段思想政治教育内容的过渡，促进大学阶段学生综合发展能力水平的提升。

第五章

教育方式的心理学指引

大学生思想政治教育目标和大学生思想政治教育方式方法，是在思想政治教育实践活动中逐步形成和发展的，大学生思想品德形成的规律在其中起到决定性作用。只有协调好与大学生思想政治教育对象、内容等的关系，方能够提升思想政治教育的亲和力、针对性、实效性。思想政治教育活动亲和力、针对性及实效性，在很大层面上受到大学生思想政治教育方式灵活性、适切性的决定性影响。结合目前国内大学生思想政治教育方式整体情况，居于主导作用的教育方式始终是灌输说教。开展大学生思想政治教育，灌输说教有助于引导学生形成正确的价值观念，并且加强学生对马克思主义理论的深刻认知，不过在其中也存在诸多这样那样的不足，包括：片面关注理论灌输，而对学生主体地位关注度不高；片面关注整齐划一，而对学生层次性及差异性问题关注度不高；片面关注教育者的“言传”，而对“身教示范”关注度不高等。这些都将制约并影响思想政治教育实效性、针对性及亲和力的提升，学生甚至对这一教育模式产生逆反抵触心理。

教育方式应由“卷入式”灌输说教转向“嵌入式”。只有调整目前使用的理论灌输“卷入式”教育，转而使用大学生认可度更高的“嵌入式”教育，方能起到更高质量的教育效果，这也是目前专家学者关注的问题。个性差异心理学指出：个体差异是普遍存在的，学生之间在道德品质、学习能力、适应性等层面存在很大的不同，主要体现在性格、道德素质、学习意愿、创造性能力等方面。个体客观存在的不同，除了能够为开展“因材施教”提供理论支持，同时，也能够为我们选取更多元灵活的教育方式提供理论保障。换句话说，大学生思想政治教育开展中，为确保既定教育目标可以如期实现，应该结合实际的教育对象、教育内容、教学场景等方面因素，创新改革教育方式，引导学生积极开展情感体验，增强学生对教育方式的认同感，引导学生积极主动地参与到日常学习中。建构主义心理学同时也强调，学习是学习者依据认知图式主动建构的过程。[①] 该理论要揭示的是：大学生思想政治教育开展应结合实际，确定最佳的教育方式，引导学生主动参与到实践活动中，配合教师的教学工作。同时借助自我创新与构建，增强思想政治教育实效性。

从某种层面上讲，大学生思想政治教育方式实效性将对大学生思想政治教育实效性起到决定性影响。所以，应结合大学生思想政治教育有关规定，确定科学的教育目标，合理设定“思政元素”内容，以“嵌入式”方式开展教学工作，以此促进学生的全面发展。

个体差异心理学还指出，不同学生在生活背景、自我性格、专业等方面的差异，使得他们在心理特点及个性差异上存在较大的不同。个性差异具体可以概括总结为下列两种因素：一种为智力因素，另一种为非智力因素。智力因素通常是指记忆力、观察力、思维能力、

① ［美］布鲁克斯：《建构主义课堂教学案例》，中国轻工业出版社2005年版。

注意力、想象力等，即认知能力的总和。它是人们在对事物的认识中表现出的心理性，是认识活动的操作系统。非智力因素，是指不直接参与认知过程的心理因素，它包括情感、意志、性格、兴趣等方面。

此外，针对某一大学生个体来讲，思想结构层次也各不相同，呈现出差异化的规律特点。由此要求学校在开展思想政治教育时关注这一差异性，引导学生激发“创造性自我”，积极参与到各种社会实践活动中，这样方能提升大学生思想政治教育实效性。因此，下面的分析中，笔者对怎样开展“嵌入式”教育提出三点有针对性的建议。

第一节 尊重个体差异

有效的方法选择与运用应该具有良好的适应性。这种适应性主要表现在：确定思想政治教育方法时应结合每一位教育对象的差异，对应的在个性心理、学习时期、家庭背景、专业技能等不同领域，选择合适的方式方法。推进“课程思政”建设中，只有结合每一位学生的差异，有针对性地确定合理的方式方法，方能为学生所认可，同时激发学生的学习热情，真正地发挥思想政治理论对学生学习与成长的指引作用，促进大学生全面发展。

智力是人们在认识客观事物的过程中，具有较强稳定性的一种心理特性，集中表现在反映客观事物深刻、正确、完全的程度上以及应用知识解决实际问题的速度和质量上，包括观察能力、记忆能力、思维能力、想象能力和注意能力五种基本能力[①]。考虑到大学生群体在个性心理、生活环境、教育经历等领域的差异，不同学生的个性差异及心理特点也各不相同。

第一，关注智力差异。个体的智力差异不仅表现在智力发展速度、智力的发展水平、智力的特点上，还表现为智力的性别表现及认知风格差异上。有学者在分析中指出，个体认知风格差异及智力差异除了对教育对象接受思想教育程度产生影响，也对人们接受思想政治教育方式造成制约性影响，这一差异主要表现在学习方式、信息加工方式等方面。所以，开展“课程思政”，应结合大学生认知差异特征及智力差异来完成对“课程思政”活动的设计。不断创新思政教育活动方式，为学生提供多元化的选择空间；从方法上可以借助同质分组的思路，由具有类似认知特点及水平的学生组成学习小组，一同进行思想政治教育活动。

第二，兼顾非智力差异。20 世纪 30 年代，“非智力因素”开始出现。从 20 世纪 80 年代起，国内学者开始加大了对非智力因素研究。吴福元于 1981 年在广州心理学会议中，率先阐述了“非智力因素”的有关理论，他强调：“非智力因素对学生学习成绩的影响比智力因素的影响还要大，这种影响随入学时间的推移而逐渐增强。”[②]具体来讲，非智力因素涉及情绪情感、气质、需求、爱好、性格等。

① 杨芷英：《思想政治教育心理学》，中国人民大学出版社 2010 年版，第 152 页。

② 宋丽娟：《论思想政治教育中大学生非智力因素培养》，《燕山大学学报》2013 年，第 4—5 页。

大学生的非智力因素对大学生发展将起到很好的引导、动力及调节效果。所以，我们在选择“课程思政”活动方式时，应关注大学生非智力因素的不同，加强对大学生学习动机的培养，引导大学生坚定理想信念；令大学生形成积极的情感，对大学生个性品质进行优化创新，加强对大学生心理资本的深入开发。

第二节　激发“创造性自我”

“个体心理学理论”强调，人的心理与幼时的自卑及后天的补偿心理紧密关联，每个个体均渴望寻求优越感，并实现“创造性自我”。从表现形式上，需要增强学习热情，提升自我教育能力。苏联著名教育家瓦·阿·苏霍姆林斯基曾指出：“没有自我教育的教育，不是真正的教育。”所以，“课程思政”应该做好学生的“自我教育”。其中，所谓自我教育，即大学生在思想政治教育者的指引下，结合社会发展实际需求，通过主动参与和构建，“思想政治教育”由被动到主动、由自发到自觉、由依赖到独立的主动吸收内化和践行外化，并在教育中，完成自我管理、监督和服务，以此提升大学生全面发展水平。自我教育作为思想政治教育的一种特殊形式，被看作是一种高效率学习模式，同时，也是大学生思想政治教育的最佳状态。因此，深入分析“课程思政”，应引领大学生发挥“创造性自我”，积极开展自我教育，增强大学生思想政治教育实效性。此外，一定的行为与认知及情感紧密相关，当且仅当人们具有确切的认知和强烈的情感，方能够形成行为的思想准备。所以，衡量思想政治教育有效性的核心应该了解受教育者是否转变了自我态度。开展“创造性自我”，通过观察大学生的情感、认知及行为来判断其是否有了积极的转变，只有激发学生“创造性自我”，才能够确保既定教育目标顺利实现。

第一，尊重并发挥教育对象的主体性。为充分发挥学生思想政治教育对象的主体性，我们可以借用“个体心理学”给予启示。首先，以“看”学问为切入点。“看”强调从“回到事实自身”角度来对内部因素、外部因素进行综合分析，在意识、经验的本质基础上形成认知。这需要学生积极参与到思想政治教育工作中，对思想政治教育工作进行密切配合，提升自我教育水平，充分发挥大学生的主观能动性；在“民主”意识的指引下，保证学生民主意识得以满足；要开展丰富多彩的活动，如主题班会、文体活动、辩论会等，在活动中培养大学生综合技能水平，发挥教育对象主体性。

第二，诚恳地审视自身心灵。将人的内心世界理解为一种自然现象，该自然现象是客观存在的，引导学生加强对自我心灵审视，倾听心灵的声音。很明显，我们关注自我感受，但不主张“先入为主”。所以，具体应做好下列工作：一方面，引导学生塑造自我思想及道德品质，令大学生充分认知到增强精神价值的积极作用；另一方面，令大学生能够意识到人具有社会性的特点，在日常工作学习中，不断增加社会科学知识和提升人际交往能力，运用道德规范来约束自身的行为，掌握心理知识，与自己的心灵对话，了解自我，进而悦纳自我，并以健康的心态、饱满的热情参与到学校德育工作中。通过这样的方式，让大学把关心自我和学校教育联系起来，从而能够真正发挥大学生的学习积极性。

第三，主动提升自我修养。对大学生来讲，修身是大家日常学习及生活中的一项主要工作，加强自我修养，立志成才，协调好自我教育与党的伟大实践的关系，做好自我审度和锻炼，增强自我综合能力水平。同时，大学生要拓宽国际视野，科学认识中国特色社会主义理论体系，明了国际规律；积极树立一种时代责任，以实现中华民族伟大复兴为己任，不断努力向前。

第四，坚定理想信念。对人类社会发展、中国特色社会主义历史必要性有深入全面的认知，坚定实现民族复兴中国梦的信心；要对照社会主义核心价值观、对比时代先锋和榜样，做好自我反思，始终保持一种积极的心态，规范自我言行，在实践中增强自我品质，提升自我综合发展水平。

第三节　注重社会实践

社会实践是大学生“磨炼意志、砥砺品格的重要方式”，是“汲取营养、补充学识的过程”[①]。全部知识要转变为能力，实践是必由之路。为人处世，应避免眼高手低。不管是工作还是学习，均应结合实际，脚踏实地，在实践中不断提升自我。所以，大学生思想政治教育的开展，必须加强学生的社会实践，在实践中加强思想政治教育。

第一，做好教学实践活动。在学校教学计划中融入大学生教学实践环节内容，确定科学详细的考评权重及考评细则，并将其应用到

① 熊礼杭：《青年学生现代社会责任意识的培养》，《中国青年研究》2007 年第 9 期。

教学实践环节中。此外，学校还可以组织筹办包括学术报告、学科竞赛、社会调研等在内的不同类型活动，令大学生能够真正地将所学知识灵活地应用到社会实践中。

第二，高质量开展道德实践活动。引导大学生群体积极融入包括勤工俭学、志愿服务、社会公益等在内的多元化社会实践活动，提升大学生群体道德情感，增强他们的道德意志，规范道德行为。大学生积极主动地融入社会道德实践活动中，既能提升大学生群体的爱国主义情怀，还能引导他们认真履行道德义务，不失为形成科学的道德习惯的好办法。

第三，积极开展基层实践活动。西部计划、大学生村官等，均是大学生深入社会基层的重要方式，大学生在参与这些社会实践活动中，能够不断开阔自身的视野，了解基层民风民情，培养自我情感，提升综合能力水平。

第四节　开展网络思想政治教育

思想政治教育存在的问题在第二章“课程思政的实践价值”中，我们已经给予很详细的分析，这里不再赘述。基于思想政治教育存在的诸多问题，我们在这个章节主要给出，开展网络思想政治教育以提升思想政治教育的实效性。网络思想政治教育也是符合我们“课程思政”的要求，是课堂思想政治教育的拓展，也是落实“三全育人”，即全员、全方位、全过程育人的要求所在。

随着信息化浪潮的深层推进，互联网迅猛发展，互联网正以前所未有的速度向社会诸多领域延伸，校园已成为互联网用户最密集区域之一。网络所传递的信息对学生政治思想、情感、品德的影响日益深远。这种影响是极其复杂的，既有积极的正面的影响，也有不可忽视的消极影响。根据有关数据显示，截至 2022 年 6 月，中国网民数达 10.51 亿，较 2021 年底提升 1.9%，互联网渗透率达 74.4%。中国在校大学生中，网民数量惊人，近七成的学生把互联网作为了解信息的主要渠道。网络是一把“双刃剑”，对于思想政治教育而言，网络无疑也充满着机遇与挑战。

本节我们探讨网络思想政治教育的问题，以求提升思想政治教育的实效性。首先，我们必须引入政治社会化的概念，还要分析学生网络上的娱乐、搜索、学习习惯。学生接受思想政治信息以及将思想政治信息内化的过程，事实上是政治社会化的过程。政治社会化是一个外来概念，从 20 世纪 50 年代开始，政治社会化被引入政治学的研究之中。所谓的政治社会化是指人们学习政治价值和政治立场的过程。罗伯特·道斯认为：“人们关于政治传统或政治角色以及与之相关的行为的知识不是与生俱有的，政治社会化就是获取这些知识的一种或者多种过程。”[①] 目前，国内已经有学者将政治社会化的理论引入思想政治教育的研究。政治社会化理论对大学生的思想政治教育有一定的启示意义，要“帮助大学生明确其政治社会化的目标和内容，指导大学生矫正思维方法和建立理论支撑点，优化校园政治环境。强化社会实践环节，并注意对大学生的正确角色

---

① 邓正来：《布莱克维尔政治学百科全书》，中国政法大学出版社 1992 年版，第 571 页。

期待”[①]。韦统义、赵伯飞认为，政治社会化理论具有合理的内核，“借鉴政治社会化理论的合理内核，对于处理好多方面关系，实现思想政治教育合力有积极的现实意义”[②]。也有学者从社会转型期出发，探讨了高校思想政治教育的政治社会化功能，高校的思想政治教育工作应该实现“四个转变”（从“灌输型”到“渗透型”、从“单项型”到“复合型”、从“平面型”到“立体型”，从“传统型”到“现代型”）。网络的思想政治教育，应“从争夺21世纪思想政治阵地的高度出发，树立网络战略意识和网络意识形态观念，牢牢占领网络思想政治舆论阵地的制高点，更有针对性地开展网上思想政治教育”[③]。笔者认为，网络是大学生政治社会化的渠道，其对于形塑大学生的政治观、价值观、道德观、人生观而言具有重要意义。简而言之，对于互联网对大学生政治社会化的影响，对大学生的思想政治教育影响等问题，更值得研究的不是这个影响存不存在的问题，而是它如何存在，以怎样的形式存在等问题。那么，在网络环境下，大学生具体是通过什么途径与过程获取相关的思想政治信息？这些途径对大学生思想政治教育的状况的综合效果如何？性别、受教育层次和专业是否会影响大学生思想政治教育的效果？这些问题之所以重要是因为它的回答不仅为有积极探索高校思想政治教育的

① 刘小川：《大学生政治社会化及对思想政治工作的启示》，《河北大学学报》2000年第4期。

② 韦统义、赵伯飞：《政治社会化理论的合理内核对我国思想政治教育工作的启示》，《陕西师范大学学报》（哲学社会科学版）2002年6月。

③ 青岛理工大学课题组：《政治社会化与转型期高校思想政治教育》，《河北学刊》2006年第1期。

有效途径提供事实依据，而且也为有针对性地开展思想政治教育提供理论指导。

一、思想政治信息获取途径分析

根据一般的常识性判断，“学校”作为思想政治教育的途径，理应有更重要的地位，但结果恰恰相反。我们认为可能的原因主要有三个：一是大学生对“学校”这种信息途径的态度的影响；二是正式途径的影响，即“辅导员”“任课老师”以及“学校的相关活动”所应发挥的作用；三是非正式的途径的影响，即大学生如何度过休闲时间。

（一）学生利用网络的频度

根据我们的调查，P 民办高校的大学生度过休闲时间的方式中，排在前面的三种方式分别是“上网”（79.4%）、“睡觉”（53.0%）以及“运动”（39.1%），这也解释了为什么“网络”在大学生的思想政治信息获取途径中占如此大的比例。除此之外，我们还可以通过大学生每天的上网时间的统计结果进行佐证。统计结果显示，84.8% 的大学生每天上网时间为 2 ～ 6 个小时，同时，82.4% 的人每天的休闲时间少于 7 个小时。

表1—1：如何度过休闲时间（多选）

	选项	样本数量	百分比	案例百分比
如何度过休闲时间（多选）	运动	209	15.3%	39.1%
	交朋友	78	5.7%	14.6%
	学习	208	15.2%	39.0%

（续上表）

	选项	样本数量	百分比	案例百分比
如何度过休闲时间（多选）	上网	424	31.0%	79.4%
	兼职	36	2.6%	6.7%
	睡觉	283	20.7%	53.0%
	打牌	13	0.9%	2.4%
	其他	118	8.6%	22.1%
合计		1369	100.0%	256.4%

我们现在来看一下大学生在获得心理、思想道德方面的信息的主要途径是什么。我们对调查对象进行了“如果你在思想上很迷茫，或者遭遇到心理困扰时你会怎么做”的提问。统计结果显示，“找同学聊天，寻求帮助”的占到了58.6%；“找网友聊天，寻求帮助”与“在网络上搜索相关的信息与知识自己帮助自己”的则分别占到了8.8%与7.7%，两者之和为16.5%；而“找辅导员，寻求帮助”“打电话给父母或者亲戚”的则只有2.1%与7.7%。这个统计结果与上述的统计结果相互印证。由以上分析可知，大学生获取思想政治信息的主要途径是“非正式途径”（网络与同伴团体）而非“正式的途径”（学校与家庭）。

表1—2：遭遇心理困境的对策与措施（样本数量=478）

	选项	频数	百分比	有效百分比	累计百分比
有效数据	找同学聊天，寻求帮助	280	50.7%	58.6%	58.6%
	找辅导员，寻求帮助	10	1.8%	2.1%	60.7%
	打电话给父母或者亲戚	37	6.7%	7.7%	68.4%
	找网友聊天，寻求帮助	42	7.6%	8.7%	77.2%
	在网络上搜索相关的信息和知识，自己帮助自己	37	6.7%	7.7%	84.9%

（续上表）

	选项	频数	百分比	有效百分比	累计百分比
有效数据	闷在心里	35	6.3%	7.3%	92.3%
	其他	37	6.7%	7.7%	100.0%
	合计	478	86.6%	100.0%	
丢失数据	系统	74	13.4%		
合计		552	100.0%		

（二）大学生获取思想政治信息的自主性

由以上分析我们知道“网络”是大学生获取思想政治信息的主要途径，同时这种途径具有非正式性。那么，在网络背景下，大学生是有意识地还是无意识地应用这种非正式的途径？是主动还是被动应用这种非正式的途径？回答这些问题之前，我们必须了解大学生访问网站以及信息方面的偏好。

表1—3：最经常访问的网站（多选）

	选项	样本数量	百分比	案例百分比
最经常访问的网站	综合类网站（如新浪网、雅虎）	324	27.5%	59.9%
	文学音乐类	139	11.8%	25.7%
	软件游戏类	99	8.4%	18.3%
	政治军事类（如新华网）	46	3.9%	8.5%
	新闻财经类	94	8.0%	17.4%
	社区交友类	22	1.9%	4.1%
	体育娱乐类	165	14.0%	30.5%
	购物类	102	8.7%	18.9%
	人才就业类	31	2.6%	5.7%
	教育培训类	41	3.5%	7.6%
	其他	114	9.7%	21.1%
合计		1177	100.0%	217.6%

如上表所示，“大学生最喜欢访问网站”的前三位是“综合类网站”（59.9%）、“体育娱乐类”（30.5%）以及“文学音乐类”（25.7%）。而根据另一题的统计结果，“访问网站最关注的信息”的前三位则分别是“社会新闻”（46.4%）、“政治新闻”（30.5%）以及“体育娱乐信息”（27.0%），而“思想、道德、心理方面的信息则位于第六位（15.3%）。这些数据表明，大学生的确有一些兴趣通过网络来获得思想政治方面的信息（准确地说是新闻类）。因为“你是否会通过网络形式获取思想政治信息”的直接提问的统计结果所显示出来的大部分学生（86.6%）通过网络形式获取思想政治信息也为以上的推断提供了进一步的佐证。接下来的问题是大学生如何接触到自己喜欢的网站。

表1—4：初次接触最喜欢网站的原因（样本数量=445）

	选项	频数	百分比	有效百分比	累计百分比
有效数据	在自己的专业学习过程中无意中接触到的	38	6.9%	8.5%	8.5%
	浏览过程中点击相关链接接触到的	192	34.8%	43.1%	51.7%
	同学（朋友）介绍的	125	22.6%	28.1%	79.8%
	老师推荐	14	2.5%	3.1%	82.9%
	网友介绍	12	2.2%	2.7%	85.6%
	其他	64	11.6%	14.4%	100.0%
	合计	445	80.6%	100.0%	
丢失数据	系统	107	19.4%		
合计		552	100.0%		

如上表的数据所示，将近半数（43.1%）的大学生接触到自己最喜欢的网站是源于“浏览的过程中点击相关链接过程中接触到的”，

这说明大学生接触到自己最喜欢网站的重要原因表现为“兴趣指引下的无意获得”；同时，同学（朋友）介绍式的接触也占有一定的比重（28.1%），这说明在某种程度上，大学生在接触到自己喜欢的网站时也受到了同伴团体的影响。而“老师推荐”以及“在自己的专业学习的过程中无意中接触到的”则分别占3.1%与8.5%，两者之和为11.6%，不及“同学（朋友）介绍”（28.1%）的一半。由此可知，教师作为一种正式的指引对大学生最喜欢访问网站的影响比较小。

前面分析大学生在访问自己喜欢访问的网站时，我们认为，大部分人愿意去获取思想政治信息。那么获取的具体形式是怎样的？是主动获取还是被动获取？

表1-5：获取思想政治信息的自主性（多选）

	选项	样本数量	百分比	案例百分比
如何获得思想政治信息	通过搜索引擎	162	24.7%	30.2%
	游戏过程中无意中获得的	20	3.0%	3.7%
	浏览网页时点击相关链接无意中获得的	200	30.5%	37.2%
	有目的地去阅读相关网页	159	24.2%	29.6%
	通过和网友聊天得知的	46	7.0%	8.6%
	参与网络社区论坛的讨论获得的	23	3.5%	4.3%
	观看网络电视或者下载视频获得的	18	2.7%	3.4%
	电子邮件	7	1.1%	1.3%
	其他	21	3.2%	3.9%
合计		656	100.0%	122.2%

上表是在网络中“如何获得思想政治信息”这一问题的统计结果。由表中的数据可知，排在前三位的获取思想政治信息的方式是“浏览网页的时候点击相关的链接无意中获得的”（37.2%）、“通过搜

索引擎”（30.2%）以及“有目的地去阅读相关网页”（29.6%）。其中，第一项属于被动获取。而后面两项则属于主动获取，两项合起来占 59.8%。这表明在网络环境下，大学生获取思想政治信息主动性（59.8%）强于被动性（37.2%）。除此之外，这里应该引起注意的是，“通过搜索引擎”的方式获取思想政治信息占了比较高的比例，这表明大学生掌握了在海量信息中获取思想政治信息的有效方法。事实上，根据我们的调查，大学生最经常使用的“搜索引擎”是“百度”，占到了样本量的 87.6%，其次则是“谷歌（google）”，但比例只有 7.5%。由此可以推断，在大学生中间，有相当数量的同学是采用“百度”搜索引擎去搜索思想政治方面信息。

综合“接触最喜欢网站的缘由”以及“如何获得思想政治信息”这两题的处理结果，我们可以得到如下的基本认识：大学生在上网的过程中，由于被海量的信息所包围，表现出一定的“随机性”“盲目性”，但我们认为这种“随机”与“盲目”其实具有“兴趣指引”的内在属性。至于具体到获取思想政治信息上，大学生则表现出主动性大于被动性。总而言之，大学生获取思想政治信息时表现为“兴趣指引”下的自主性。

二、思想政治信息获取途径的效果评估

学校作为思想政治教育信息的正式来源为什么没有获得大学生普遍的偏爱？在前面的分析中我们认为这与大学生对各种途径的态度有关。事实上，态度的形成来源于对客观事物的评价。以下我们将从信息的可接受度、有效度以及差异原因进行评估。

（一）大学生对网络上思想政治教育宣传的可接受度情况

我们首先从大学生接受网络宣传“量”的角度分析目前网络宣传的可接受度。如下表所示：

表2—1：每天愿意花在浏览思想政治道德方面信息的时间
（样本数量=542）

	选项	频数	百分比	有效百分比	累计百分比
有效数据	10 分钟以下	211	38.2%	38.9%	38.9%
	10 分钟至 20 分钟	190	34.4%	35.1%	74.0%
	20 分钟至 30 分钟	90	16.3%	16.6%	90.6%
	30 分钟至 1 小时	28	5.1%	5.2%	95.8%
	1 小时至 2 小时	14	2.5%	2.6%	98.3%
	2 小时至 3 小时	4	0.7%	0.7%	99.1%
	3 小时以上	5	0.9%	0.9%	100.0%
	合计	542	98.2%	100.0%	
丢失数据	系统	10	1.8%		
合计		552	100.0%		

由上表数据可知，74% 的大学生愿意每天花 20 分钟以下的时间去浏览网上的思想政治方面的信息，而愿意每天花 30 分钟以上的时间去浏览思想政治方面信息的大学生之和为 9.4%。这给出了一个强有力的信号：从大学生“注意力分配”的角度看，大部分的大学生不愿意花时间去浏览思想政治信息。其原因是什么？是信息本身的原因还是信息的途径有问题？我们再来看一下大学生对思想政治信息本身的评价。

表2—2：相信网络上的政治、思想道德类信息的程度
（样本数量=541）

	选项	频数	百分比	有效百分比	累计百分比
有效数据	从不相信	38	6.9%	7.0%	7.0%
	有一些相信	318	57.6%	58.8%	65.8%
	说不清	107	19.4%	19.8%	85.6%
	比较相信	73	13.2%	13.5%	99.1%
	非常相信	5	0.9%	0.9%	100.0%
	合计	541	98.0%	100.0%	
丢失数据	系统	11	2.0%		
合计		552	100.0%		

上表是大学生对网络上政治、思想道德信息相信程度的统计结果。由表中的数据可知，持“比较相信”态度的只有13.5%，大学生思想政治信息的“主流评价”是半信半疑，因为“说不清”“有一些相信”以及“从不相信”的累计百分比达到了85.6%。这或许可以解读为大学生具备一种不迷信权威的批判意识，但从另外一个角度也说明在信息海量化时代，其他方面虚假信息也影响了对思想政治方面信息的可信度。由此，我们也从另一个方面说明为什么大学生不愿意将“注意力”分配到一种真假参半的信息上。

（二）网络上的思想政治教育宣传的影响程度情况

判断网络上的思想政治教育宣传对大学生的影响程度如何，可以从两个角度切入：一是大学生对这种宣传的有效度评价；二是这些宣传对大学生的行为是否有实质的影响。我们首先来看大学生对宣传的有效度评价。

表2—3：在网络上获得的思想政治道德等方面的信息对自己今后的学习生活的影响程度（样本数量=543）

	选项	频数	百分比	有效百分比	累计百分比
有效数据	完全没有影响	57	10.3%	10.5%	10.5%
	有一点点影响	326	59.1%	60.0%	70.5%
	说不清	110	19.9%	20.3%	90.8%
	影响比较大	45	8.2%	8.3%	99.1%
	影响非常大	5	0.9%	0.9%	100.0%
	合计	543	98.4%	100.0%	
丢失数据	系统	9	1.6%		
合计		552	100.0%		

由上表的数据可知，认为在网络上获得的思想政治方面的信息对自己今后的学习生活的“影响比较大”的学生有45个，占有效回答的8.3%，而认为“影响非常大”的只有5个人，仅占有效回答的0.9%，大部分（60%）的人认为“有一点点影响”，但也有一定数量（57人）认为“完全没有影响”。由此可以知道，网络上的思想政治方面对大学生的影响是比较有限的，因为根据我们对休闲时间的调查（有79.4%的人认为“上网”是主要的休闲方式），我们有理由认为网络应对大学生学习生活有更大的影响。而根据“从网上获取的信息对您人生观价值观的影响”的提问，我们也发现大部分的学生（60.1%）也是选择“有一点影响”，这再次印证了网络上发布思想政治方面的信息对大学生的人生观价值观的引导效度是比较低的。认知将很大程度上决定行为，现在我们来看一下大学生对自己同伴浏览成人网站这一行为会采取什么行动。

表2—4：在宿舍看到别的同学在浏览成人网站或者在网上看成人电影的态度（样本数量=541）

	选项	频数	百分比	有效百分比	累计百分比
有效数据	理解并表示认同，自己也会这样做	178	32.2%	32.9%	32.9%
	无所谓，对这种行为表示理解但自己不会这样做	249	45.1%	46.0%	78.9%
	反对，但只是在心里表示反对	50	9.1%	9.2%	88.2%
	反对并采取行动（如劝他不要看）	18	3.3%	3.3%	91.5%
	其他	46	8.3%	8.5%	100.0%
	合计	541	98.0%	100.0%	
丢失数据	系统	11	2.0%		
合计		552	100.0%		

当大学生在宿舍里面看到别的同学在浏览成人网站，或者在看成人电影时，有 178 个人表示“理解和认同”，并认为“自己也会这样做”，当然更多的同学表示“无所谓，理解这种行为，但自己不会这样做”，而“反对”或“反对并采取行动”的只有 12.5%。这一方面说明，大学生对黄色网站，以及其他一些不利于青少年成长的有害信息缺乏辨别力，但问题的严重性更在于大学生对这种行为表示理解和认同，不知缘由的模仿并不可怕，可怕的是价值上的认同。由此我们可知，网络作为思想政治教育的新途径，其目前的有效程度值得怀疑。从“您对现在网络上的思想政治方面的相关宣传的看法”这一提问进一步证实了我们的观点。在这一提问中，有 22.9% 的人认为目前的宣传具有说教味道、枯燥，比较难接受，51.8% 的人表示“说不清，没有特别的看法”，而认为“内容比较丰富，比较乐于接受”或者“非常丰富，非常乐于接受的”不到 20%。

三、影响网络思想政治教育效果因素分析

学校的思想政治教育，如果从政治社会化的角度进行分析，影响思想政治教育效果的因素可以归结为三个方面：思想政治信息本身可接受度、信息接收者的差异性以及思想教育接受者的自主性。

（一）信息的可接受度：影响网络思想政治教育效果的前提

从实证研究的结果看，目前学校思想政治教育的信息可接受度比较低。根据调查，学生愿意花在浏览思想政治信息的时间比较少，每天用 10 分钟以下的时间获取思想政治信息的占 38.9%，每天愿意用 10 ～ 20 分钟获取思想政治信息的占 35.1%，这意味着愿意每天用 20 分钟以上获取思想政治信息的学生仅有 26%。学生对思想政治信息的可信性不高。调查的统计结果显示，仅有 13.5% 的学生“比较相信”网络上的思想政治教育的信息，表示“有一些相信”的占 58.8%，表示“非常相信”的仅有 0.9%，而“从不相信”的占 7.0%，表示说不清的占 19.8%。为什么会出现这种情况，其主要原因有以下三个方面：

首先，时代隔阂使“90 后”或者“00 后”学生比较难接受与认同严肃面孔的思想政治教育。政治在逐渐“解魅”，走向世俗化，学生对政治领袖的态度经历了从顶礼膜拜到逐渐亲近的过程。当代学生容易接受比较活泼的思想政治信息，而非严肃面孔的思想政治信息。其次，思想政治信息可接受度偏低的重要原因是思想政治信息与学生普遍关心的就业、心理困惑相互脱节。例如，当代职校学生最关心的话题是就业。学生就业形势明显与国家宏观的经济形势相关。从利益相关度的角度看，经济信息在学生群体当中具有更大

的市场。最后，信息来源的多元化的“比较效应”造成了严肃思想政治信息可接受度降低。多元化的信息对严肃的思想政治信息带来了冲击，在信息稀缺的时代，严肃的思想政治信息具有垄断性优势，但随着信息来源的多元化，思想政治信息垄断性优势丧失了。总而言之，提高信息的可接受度的不二之选是要对思想政治信息的面孔进行必要的“化妆”，让它变得更活泼些、更具有亲和力。

（二）信息接受对象的差异性：影响网络思想政治效果的关键因素

实证调查统计结果显示，影响学生思想政治信息接受效果的主要因素分别是性别、年级与专业。详细结果见表3—1。

表3—1：通过卡方检验的双变量列表

变量一	变量二	卡方值	自由度	Phi 系数
性 别	在宿舍里看成人网站的态度	78.579*	4	0.381
性 别	遭遇心理困境的措施与对策	23.822*	6	0.223
性 别	对十七大的关注程度	19.268*	4	0.188
性 别	了解十七大的主要目的	23.85*	3	0.220
性 别	是否参加4月份的抵制活动	9.676**	1	0.134
性 别	初次接触最喜欢网站的原因	14.759***	5	0.182
年 级	从网上获取的信息对人生观的影响	25.732***	12	0.218

（续上表）

变量一	变量二	卡方值	自由度	Phi 系数
年　级	遭遇心理困境的措施与对策	36.048**	18	0.275
大专业	初次接触最喜欢网站的原因	16.518**	5	0.193
大专业	十七大的了解途径	30.716*	8	0.261
大专业	遭遇心理困境的措施与对策	17.119**	6	0.190

（注：*P ≤ 0.001 **P ≤ 0.01 ***P ≤ 0.05）

通过上述卡方检验列表可以有以下重要发现：第一，专业与性别显然会影响学生如何选择自己最喜欢的网站。比如，女生比男生更容易受教师（权威）的影响。第二，决定学生在遇到心理困境时采取什么措施与对策的因素是多方面的，性别、年级以及专业都会对其有影响。比如，通过残差分析我们就发现，在遇到心理困境时，选择“闷在心里”显然男生比女生多、二年级比一年级的学生多。第三，男生比女生更关心政治，具体到采取行动时，男生也比女生更具有自主性；同时，女生对于浏览成人网站以及看成人电影的态度上则比男生保守。简而言之，被调查的该学校男生比女生更需要网络道德的教育；女生比男生更需要政治教育，应培养女生获得政治信息的兴趣以及自主性。但对照网络思想政治教育的现实，往往是忽略了思想政治信息的差异性，从这个意义上说，目前思想政治信息之所以效果不显著，其重要的原因在于，没有根据信息接收对象的差异性，采取适当的“差异化策略”。

（三）信息接受对象的自主性：影响网络思想政治教育效果的决定性因素

实证调查的统计结果显示，学生获取思想政治信息排在前三位的方式是“浏览网页的时候点击相关的链接获得”（37.2%）、“通过搜索引擎”（30.2%）以及“有目的地阅读相关网页”（29.6%）。其中，第一项属于被动获取，而后面两项则属于主动获取，两项合起来占 59.8%。这表明在网络环境下，学生获取思想政治信息主动性（59.8%）强于被动性（37.2%）。另外，“通过搜索引擎”的方式获取思想政治信息占了比较高的比例，这表明学生掌握了在海量信息中获取思想政治信息的有效方法。

当代学生获取思想政治信息的自主性比较强，其主要的证据就是学生在获取信息过程中主要是主动地检索而非被动或者随机地接受信息。但这仅是自主性含义的一个方面——主动性。政治社会化的过程事实上乃是“自我”社会化、自我教育的过程。这意味着学生网络思想政治教育要突出学生主体性。自主性强对于网络思想政治教育的效果而言是一把效果“双刃剑”。一方面，它给思想政治教育的效果带来了挑战。因为自主性强意味着政治社会化的对象不是“一张白纸”可以任意涂写，对于自主性强的学生，“灌输式”“填鸭式”的传统思想政治教育方式已经没有多大效果；而且从这个年龄段学生的心理特征而言，这些传统的思想政治教育方式产生的可能是负效果。另一方面，自主性强也意味着作为思想政治教育对象的学生难以受到不良价值观念的影响，因为他们具有判断是非对错的能力。

四、开展网络思想政治教育，提升实效性的对策

通过对学生网络思想政治教育信息的接受度、差异性以及自主性的分析，我们清晰地理顺了“学生网络上的学习思想政治教育的途径是什么”“网络思想政治教育的效果如何”“影响思想政治教育效果的因素有哪些”，对于提升思想政治教育实效性，至少可以获得以下三个方面的启示：加强对学生网络思想政治教育的技术支持；“思政元素”兼顾现实需求，形式上不断创新；建立与完善大学网络思想政治教育工作机制。引导学生树立正确的价值观念，只要学生树立正确的价值理念，才会对不良的网络信息产生免疫力。下面我们对以上三个对策展开分析。

（一）加强对学生网络思想政治教育的技术支持

目前网络背景下学生的网络思想政治教育所面临挑战的根源是技术与伦理的背离，正如历史学家勒芬·斯塔夫罗斯·斯塔夫里阿诺斯所言“社会变革滞后于技术变革一直是人类许多灾难的来源”。当代学生获取信息的主要方式是“搜索式”，这意味着排在最前面的信息具有被接受的优先权。因此，首先，应该开发相关软件，让正面的、积极的思想政治信息能够排在搜索结果的最前面。其次，可以通过关键词的检索技术监控引导大学校园的舆论情况。最后，国家应该加快网络技术的立法进程。用法律降低可能存在的技术风险。通过法律对搜索引擎开发商进行规制，过滤掉负面的、消极的思想政治信息。根据实证研究，当代学生最偏爱的搜索软件是“百度”，它占到了样本量的87.6%，其次则是“谷歌（google）”，但比例仅有7.5%。“百度”是中国本土企业，这为网络思想政治教育提供了

便利。另外，目前工业与信息产业部开发了“绿坝”软件，这也为技术上解决问题带来了机会。但“绿坝”软件的技术水平与推广策略值得商榷。如果“绿坝”软件具有清除计算机病毒的功能，那么它可能更容易为学生所接受。总之，技术支持不但要考虑政治效果，同时也要兼顾实用功能。

（二）“思政元素”兼顾现实需求，形式上不断创新

社会急遽变迁，当代学生遭遇到了心理困惑：对未来的定位不明确，对人际关系、对婚恋的困惑，对就业的担忧。心理健康教育成了大学生思想政治教育的重要组成部分。中共中央国务院在《关于进一步加强和改进大学生思想政治教育》中指出，“要努力拓展新形势下大学生思想政治教育的有效途径，开展深入细致的思想政治工作和心理健康教育”。党中央这一指示，给高校思想政治教育工作者提出了新要求，必须深入思考思想政治教育工作与心理健康的有机结合点，以达到改善学生心理健康水平和增强思想政治教育有效性的双重目的。[①]

学生的思想政治工作应该兼顾学生心理上的需求，切实解决学生成长过程中遇到的实际问题。另外，在形式上也应该有所创新。思想政治信息不应该“面目可憎”，而应提高思想政治网站的艺术性、趣味性来吸引学生的注意力，提高学生对思想政治网站的点击率。例如：开展思想政治 flash 大赛、开展宣言校园文化、道德风尚的话剧比赛等；寓教于乐，用生动活泼的形式激发学生对思想政治信息的兴趣。

---

① 潘雨群：《浅论心理健康教育与思政教育的有机结合》，《安徽农业大学学报（社会科学版）》2010 年第 19 卷。

（三）建立与完善大学网络思想政治教育工作机制

一是监控机制。即班主任通过对校园 BBS、校园博客群、QQ 群及微信群等密切关注学生的思想动态，掌握学生思想政治动态的第一手信息。二是建立网络群体性事件的预警机制。网络群体性事件，是指在互联网上发生的有较多网民参与讨论的事件。例如，“娱乐圈明星吴某凡性丑闻”“新冠疫情吹哨人李文亮病逝”“唐山烧烤店打人事件”“长沙女孩搬家途中，乘坐货拉拉跳车身亡”等事件，网络点击率非常高，学生高度关注的事件很容易引发网络舆情问题，要有敏感的预警机制。预警首先是要对校园网外引起广泛讨论的事件进行关注，制定相关预案；其次，是要对校园网内引起广泛讨论的事情进行密切关注，制定相关预案；最后，可以根据点击率与跟帖数，制定群体性事件的标准，并进行级别划分，根据不同级别采取不同预案。三是建立有效的信息整理与反馈机制。及时关注校园 BBS、QQ 群、微信群等学生热点讨论的话题，对于学生反映强烈的事件及时反馈给学校相关管理部门并跟踪处理，比如，校园安全、饭堂饭菜质量、宿舍设施等。四是要建立权威发布、跟帖批驳机制。发生网络舆情，要统筹协调好各方面力量，组织人员（主要是教师）上网跟帖，以阳光正面、积极向上的价值观引领舆论。

如果说政治社会化必须顺应信息化这一不可阻遏的趋势，那么学校思想政治教师在新的形势下首先必须具备的素养是“思想政治信息素养”。所谓的思想政治信息素养至少包含以下三方面的含义：一是能有效地检索、评价和使用思想政治信息；二是能对思想政治信息进行批判性地思考，并将有用信息变成自己思想的一部分；三是能对思想政治信息进行主动鉴别，有区别地对待信息。托马斯·弗里德曼在其著作《世界是平的——21 世纪简史》中提出，目前全球化已经是 3.0 时代，这个时代的特征是全世界的人在同一个平台上竞争。借鉴这样的思想，其实信息化背景下，在资讯“量”方面，学生与教师之间不存在明显差异。思想政治教师能够给学生的不只是思想政治的信息，更重要是在认识信息“质”方面的深刻见解。换言之，对于思想政治教师而言，思想政治信息不再是其最为重要的“终端产品”，思想政治教师更重要的使命是其提供优质的“售后服务”。在思想政治教育信息化背景下，思想政治教师传统的“传教士”的角色似乎已经终结，角色转型是任何一个思想政治教师无以回避的主题；学校思想政治教师已别无选择，唯有提高自身信息素养，才能应对时代跌宕起伏的滔滔洪流。

第六章

提升实效性的心理学指引

“课程思政”最主要的功能便是对人的塑造，主要表现为令大学生形成符合社会要求的科学认知与情感，同时在认知及情感的作用下，形成与社会规范相适应的行为，形成科学的行为习惯。在这一过程中，需要不同主体及思想政治教育环境、教育内容、教育方式间彼此影响和相互作用，学生也能够在这个过程中，不断服从、认同并内化思想政治教育内容。此外，从另一层面上分析，大学生思想政治教育主要表现为将一定社会的价值观念、思想道德转变为大学生的思想品德，以此达到既定的社会要求。这涉及三个层面的内容：第一，无论是教育过程主体，还是教育过程客体，均存在特殊指向性，这里，教育者为主体，大学生为客体；第二，教育过程具有很强的目的性，是高校教育者结合大学生实际及社会需求，制定教育目标，组织实施教育活动的流程；第三，大学生及教育者一同参与到教育过程中。为能够增强“课程思政”教育实效性，我们应该发挥教育者的主导角色，严格监控大学生思想政治教育过程，关注师生合作，持续增强教育实效性。

第一节　从教育者方面发力

日常教学中，教师处在何种地位，始终是专家学者普遍关注的主要问题。“课程思政”实施过程中，教师属于最具有主观能动性的因素，并且在推进课程思政建设中始终居于主导地位。从20世纪80年代起，有学者便提出师生在教学中相互关系论，并且在各个发展时期，先后出现了“单一主体论”“双主体论”“主体间性论”等不同观点。其中，“单一主体论”起初指出“教师为主体、学生为客体”，也就是教师对课程内容、教学目标、教学方式等具有决定权，学生为教师的教学对象。随后，学生自主学习理念不断普及与发展，逐渐调整为“学生为主体、教师为客体”。该理论倡导将学生放在主要位置，认为教学可以理解为在教师的指引下学生进行的学习活动。另外，“双主体论”强调师生均为主体，从“教”“学”两个层面对教学进行划分，“教”的领域，主体为教师；而在“学”的领域，主体则为学生。在相关研究不断往纵深发展，倡导交互性交往的“主体间性理论”开始出现，指出教学交往应以一种民主平等的关系进行，师生之间存在一种对等关系，师生都是以参与者的身份融入到彼此教学之中。

无论是在何种模式下，无论教师在其中扮演着何种角色，起码能够肯定的是：教师均在其中扮演一定的主导角色，特别是高校“课程思政”建设，更应该发挥教师的积极性和主动性，各种组织与保障均是指向、保障教师更好地推进课程思政教学工作。此外，高校课程思政，应在发挥能力培养、知识传授作用的基础上，体现价值引领的重要性。

首先，表现在教师真正参与到编制和开发课程中。进行课程思政教学前，教师应该加深对教材的理解和研究，增强教材驾驭能力，深度挖掘“思政元素”并处理好不同元素的关系。教师还应该科学分解课程大纲及不同章节的教学重难点内容，具体到知识传授、能力培养和价值引领三维目标上，点面结合。实施期间，能够在相同系部或教研室内，每周固定时间召开研讨会，集体备课，共同商讨课程中的重难点问题，群策群力，集中力量解决这些难题。

其次，表现在设计课程思政内容上。设计课程思政内容包括选取材料、使用方法、设定教学方法。编制与开发课程期间，教师开展再选择和再组织，这一阶段，可以重新确定并加工重难点知识。使用合理的教学方法科学地组合课堂教学内容，在增强教学质量的同时，也有助于提升学生听课热情，保证课堂教学秩序高效有序。另外，设定程序上也要求教师要根据实际来完成，这一堂课分为几个部分，通过哪些教学环节和步骤来完成教学任务等。教育者的主导作用在课堂教学中至关重要，为能够真正地发挥教育者主导作用，要求我们重点做好下列三个方面的工作。

一、将教育者作为具体人，满足教育者切身需求

思想政治教育者作为一个具体人，也有心理需求。之前，我们主要关注教育者的工具性，主要关注教育者的服从、执行与奉献精神，将重点放在教育者创造社会价值上来，而没有关注其个人价值，特别是教育者作为一个具体人，对自我提升与实现的心理需求。很明显，这样不符合“以人为本”价值追求理念，以具体人身份看待教育者，而并非从抽象人、机器人的角度分析，关注教育者的发展潜力。因此，

我们要具体问题具体分析，对不同教师的能力进行科学评估，对各个专业的教师给出差异化的目标设定，推行弹性标准。在倡导教师能够实现个性发展前提下，做到合理评价，协调好教师个体发展需求与社会发展要求二者间的关系。提升教师工作积极性，引导教师在教育教学中也关注学生的需求。

二、增强教育者综合素质，彰显教师人格魅力

参照健康人格理论，教育者的人格魅力，可以理解为教育者具备的一种比较稳定的、能够借助言行将其展示在学生面前的、能够对学生起到引导作用的高尚道德品质。“课程思政”中，教育者人格魅力扮演着非常关键的角色。所以，为能够增强教育者整体素质水平，彰显教育者的人格魅力，要做好下列几个方面工作：第一，教育者要增强专业理论学习，坚定理想。教师应具有坚定的政治信念，在日常教学中方能发挥对学生的指引和榜样作用。教育者还应该具有一种崇高的家国情怀，将国家和民族放在心中，将学生权益放在首要位置。这样，在日常教学中，能够为学生传递新时代与社会发展理论，创新优化教学内容，为做好思想政治教育赋予更多的时代色彩。第二，教育者要加强实践锻炼，增强自我综合能力水平。在参与实践过程中，拓宽视野，通过深入、生动的实践活动，向学生生动形象地讲解课堂理论知识，提升学生道德理念和道德情感，引导学生做出正面积极的道德行为。第三，在不同教育者之间做好彼此制约，创造一种积极科学的人格氛围。持续增强教育者自律自修水平，保证教育者课上课下一致、网上网下相同，弘扬社会主流价值观，传播社会正能量；营造良好的氛围，用崇高的人格来增强

对学生的感染和影响，在潜移默化中加强对学生的引导，对学生成长起到榜样的作用。

三、扮演好多重角色，增强实效性

教育者一般被社会各界赋予很高的期望，结合教育者职能的不同，我们将教育者划分为下列三种不同类型：一是本职角色，也就是教育者为实现社会对教师行业的既定期望而肩负的角色；二是辅助角色，也就是教育者为增强本职角色的教学工作而肩负的角色；三是魅力角色，也就是教育者为寻求自身特有的风格、增强教学品质而肩负的角色。某种层面上，教师能否成功扮演魅力角色，与教师创新能力水平、人格高尚程度紧密相关。与此同时，罗杰斯也指出：学生学习中教育者起到“促进者”的角色，这一角色的作用主要表现为下列几点：其一，引导学生明确自我兴趣所在，意识到自身真正想要学习的内容；其二，引导学生大胆探索学习；其三，指引学生融入合理高效的学习活动、准备需要的学习材料。同时，卡尔·罗杰斯还指出：“促进者，在态度上应做到：做一个真实的人，真诚地对待每位学生；尊重学生的人格，接受、信任他们；具有移情能力，深入理解学生的真实想法和内心世界等。”

此外，还值得关注的是：大学生及教育者之间具有平等的人格，实际教育工作中，大学生及教育者之间平等地进行交流沟通，开展良性互动。并且通过这种良性互动，双方能够加工、过滤并优化教育内容，在开展对话交流中，也令双方又一次选择、诠释和内化教育内容。

第二节　从被教育者方面发力

“课程思政”关注学生内化情况，内化将为外化奠定重要的基础，有助于提升学生学习水平。内化的彻底性越强，越能够形成更加牢固的教学内容；内化的自觉性越高，越能够达到更好的教学效果；内化的效率越快，越能够得到更为显著的教学成效。一个人的态度并不是在短时间内形成的，而需要历经服从、认同、内化三个不同时期。按照个体心理学的话语体系，构建“课程思政”便是在教育者的指导、帮助及干预下，引导被教育者积极高效地进行学习，以此达到服从、同化、内化的效果，引导被教育者摒弃传统的错误观念，形成正确科学的观念。另外，课程思政的内化效果，主要表现为学生消化并吸收教学内容，进而转变为自身价值体系、思想体系的成效。因此，我们要注重学生所学的及掌握的内容，而并非关注教师的授课内容。具体来讲，关注内化应做好下列三个方面的工作：

一、为学生内化营造积极的条件

人的内部心理结构并非始终不变的，按照一定的阶段顺序，人的认识活动逐渐形成对事物结构的认知，由此产生一种全新认知结构。这一全新的认知结构能够为实现知识内化奠定重要的基础。相应地，“课程思政”教育内化也应该以出现全新认知结构为基础。所以，“课程思政”的关键工作便是引导大学生建立一种全新的认知结构，同时，对其不良认知进行调整和优化。具体来讲，一方面，要加强对学生认知过程的深入理解，加大对学生认知发展的密切关注，结合认知规律，在认知的不同阶段分别对“思政元素”做好科学分析提取；另一方面，对大学生思想政治教育认知结构进行优化。认知结构根据质量不同，存在较大的差异。如果认知结构具有完善的系统性，且层次分明，则能够在短时间内促进问题的处理；如果认知结构比较零散，且存在相对混乱的逻辑，则不利于高效处理问题。开展“课程思政”教学，我们应发挥认知结构的同化功能，传递与大学生较好的认知结构相一致的思想政治教育信息，使人们对之前的不良认知结构进行更新优化，构建全新的高质量的认知结构；同时，需要充分发挥认知结构的顺应功能，必要情况下还要不断强化较好的认知结构。

二、加大对学生内化需求的关注

开展“课程思政”，为实现内化就必须加强对大学生需要的关注。需要是进行内化的重要基础。第一，营造需要的环境氛围。以平等的原则进行沟通，协调好人们社会价值与个体价值的关系，满足个体需要。首先，增强大学生社会规范和自我约束意识；其次，将大学生和教育者间存在的差异消除，确保成才及育人目标得以实现，实现二者的和谐统一；最后，对教育方式进行创新，改进教育过程，从个体价值诉求及社会需要两个角度对大学生进行引导。第二，激发需要的动力。教育者应开展一系列积极的外部刺激，令大学生对其所传输的思想观念、政治观点、道德规范等形成内化的内在驱动力。第三，规范需要方向。满足大学生的正当需要，对非理性需求，持坚决杜绝的态度。

三、实现学生内化的协同效应

推进“课程思政”建设中，思想政治教育内化就应实现四个方面的协同效应，这是思想政治教育的责任和使命决定的，“课程思政”属于思想政治教育范畴，是思想政治教育发挥协同效应的重要途径。开展思想政治教育，要求大学生将社会规定的道德规范、思想理念内化为自身平稳的思想意识体系，还需要增强自我社会性知识和技能水平，在增强思想素质认知能力的基础上，实现能力素质的协调发展。[①] 大学生协调处理好知识内化、规范内化、观念内化、技能内化等不同层面的关系，并达到协同效应。这是思想政治教育内化实现从潜性朝着显性推进、从可能朝着现实推进的重要基础。不过从另一层面上看，大学生协调处理好知识内化、规范内化、观念内化、技能内化等不同层面的关系，并形成协同效应，又取决于大学生正确地内化理念、科学地内化内容和有效地内化方法，并将其贯穿思想政治教育内化的全过程。所以，思想政治教育内化过程中，为能够实现多维融合、协同效应，应该构建科学的内化理念、确定最佳的内化内容、采取高效的内化方式。

第三节　从“教”与“学”协作发力

“霍夫兰德态度改变说服模型”告诉我们，推进“课程思政”可以看作为转变态度的过程，关键便是要结合“塑人”的规定，将

---

① 卢鹏：《思想政治教育内化研究》，《西南大学学报》2012 年 5 月，第 36–37 页。

与社会要求相符的态度及行为传递给学生，令大学生据此实现自我内化，进而将其外化为自身的一种行为。在此期间，教育者通过有计划、有目标的具体措施来干预大学生的受教过程。正所谓“教学相长”，学生也分别从情感层面、思想层面以及心理层面，对教育者产生反影响、反作用。这种双向互动再次证明了“课程思政”过程也是一种互动合作、共同发展的过程。师生是共享、共赢、共同发展的。

一、在教育者和被教育者间构建和谐的氛围

“课程思政”要实现“三全育人”，就是要全员、全方位、全过程开展思想政治教育，教育教学中师生的良性互动合作是以和谐师生关系为前提的。对教师来讲，应增强自我修养。从教师的角度上，须加强专业知识学习，增强自我综合能力；提升教学水平，明确学生切身需要。从学生角度上，须确定自我职责，做好学习，确定学习目标，坚定理想信念，端正学习动机；协调处理好理论与实践二者的关系，在服务社会过程中，保证自我个人及社会价值能够得以兼顾；提升自我道德修养，尊重师长，弘扬社会正能量，坚定理想抱负。此外，师生之间还应该加强沟通和理解，在彼此尊重平等的环境下达到教学相长的目的。

二、增强教育者共情能力

个体心理学强调，共情能力（同理心）可以理解为个体主观地感受到他人内心感受的能力。教师共情，表现为师生开展互动沟通

期间，教师能从学生角度来对学生的想法及感受予以理解，这样能够令学生体会到自身被尊重。开展大学生思想政治教育，教师共情表现为对学生的关心和采纳学生观点，包含对学生认知的理解和对其情感上的感同身受。科学应用共情有助于师生间做好沟通交流，增进师生情感，避免可能出现的交流障碍，最大限度地发挥思想政治教育实效性水平。师生沟通如果能够产生共情，师生双方便能够很容易消除彼此的戒备与隔阂，开展心与心之间的沟通，加强对彼此内心世界的理解和认知，产生一种彼此理解和尊重的关系，以此能够全面提升学生综合发展能力。此外，"课程思政"除了涉及传递信息过程，也涉及情感交融过程，采取何种教育方式均将影响到学生的情绪情感。运用共情能够令教师及时发现并掌握其中的变化，在此基础上对教学方法进行优化创新，提升大学生综合发展的能力。

三、实现教学相长

推进"课程思政"建设，教师应将学生看作和自身平等关系的一个生命个体，加强对大学生生命体验及情感需求的关注，注重尊重大学生独立人格，同时协调处理好这一情感与生命价值、教育教学活动彼此的融合关系。另外，大学生在关注自我生命主体存在、生命体验、情感需求的基础上，关注到教师与其他大学生的生命存在，尊重教师的工作及付出，关心关注其他同学，把接受思想政治教育的过程视为与教师和其他同学共享生命体验和情感需求的过程。只有这样，在师生间彼此配合过程下，才能够达到教学相长的目标。

第四节　从“课程思政”实施环境发力

在思想政治教育工作过程中，“课程思政”作为其主要内容，具有实践性、综合性的特点，这就要求学校思想政治教师和专业课教师共同努力，并营造一种积极的教育教学环境。大学生思想政治教育环境在大学生思想政治教育中既提供运行平台的硬件支持，同时也发挥着熏陶、暗示、感染等隐性的教育作用。“心理场学说论”由德国著名心理学家库尔特·勒温提出。该理论强调：在任何时候个体心理及个体行为除了受到外在环境影响的同时，也与个体内在心理环境有关。简单来讲，个体心理或个体行为可以看作为内在变量及外在环境变量的函数。[①] 相应地，“课程思政”要借助大学生思想政治教育来对大学生产生影响。所以，“课程思政”环境因素在很大层面上对大学生思想政治教育推行效果产生一定的影响。

增强大学生思想政治教育实效性，需要我们从增强“课程思政”教育环境实效性入手。在思想政治教育工作开展中，具体环境作为思想政治教育活动实施的“场”，涉及宏观环境内容及微观环境内容；除了涉及对大学生心理品德养成产生影响的个体心理环境，还涉及对个体所处特定群体产生影响的群体心理环境。这些群体拥有的价值观、行为偏好等均将在很大程度上，关系并影响到大学生个人思想道德品质发展。所以，我们应将推进思想政治教育心理环境建设放在突出位置。

---

① 张静：《完形心理学家勒温和他的“场论”》，《大众心理学》2006年第6期，第46–47页。

一、“课程思政”的外部环境

社会是个历练个人的“大江湖”，“课程思政”作为一个开展全员育人的关键方式，在完成知识讲授的基础上，要化人于无形之中。“课程思政”需要创新多元化方式方法，服务于“立德树人”这一目标。库尔特·勒温指出：人的行为是心理环境与个体彼此互动形成的。个体特有的心理环境将对个体行为产生决定性影响，心理环境为“决定个体在某一时间里的行为的全部事件的总和”[①]。所以，为增强“课程思政”教育的实效性，需要加强对思想政治教育外部环境的关注。

第一，学校环境。学校心理环境表现在校园文化、道德氛围、学校宗旨、管理模式、学术环境、治学精神等不同方面。学校心理环境将直接影响到大学生个性形成与发展。科学良好的学校心理环境将对大学生形成思想品德起到积极作用，提升学生综合发展水平；反之，就会对学生思想品德的形成起到消极作用。增强大学生思想政治教育实效性，要求我们构建科学高效的校园心理环境。能够做好这一点，核心就是要构建优良校风、教风及学风。校风是整体，是统领，为加强教风和学风建设提供重要动力和整体氛围；我们在校风、教风和学风建设过程中，推进学校校园文化的发展。让学生在良好的学校心理环境下，接受思想政治教育，增强学生的爱国主义情怀，将其内化为指引自己不断向前学习的重要推动力量。

第二，课堂环境。课堂作为思想政治教育的主阵地，课堂的心

---

① 李明：《世界著名心理学家：勒温》，北京师范大学出版社 2013 年版，第 156－157 页。

理环境指被班级成员所感知和体验到的，包括教师期许、师生关系、课堂环境等在内的环境。良好的课堂心理环境是课堂教学有序推进的前提。课堂教学中师生关系、生生关系、班级组织气氛、教风和学风等课堂学习环境，均不同程度地影响到教学质量的高低。课堂心理环境的差异对应的学习质量和教学质量也各不相同。此外，课堂心理环境的暗示、启发作用等均能够达到显著的育人效果，并且在潜移默化中影响学生的学习动机和学习行为。所以，我们必须提升课堂心理环境质量。首先，完善课堂体系，整合协调课堂资源，充分发挥课堂教学主渠道应有的作用。其次，营造积极高效的课堂气氛。任课教师应该认真履行自身职责，做好对课堂教学情境的创新设计，结合实际调整课堂气氛，统筹协调好教育和自我教育的关系，统筹协调好教书和育人的关系，统筹协调好教育和管理的关系，统筹协调好创新和继承传统的关系，分别从道德、人格、思想等不同领域全面构建完善的思想政治教育体系，增强学生综合能力水平。最后，促进课堂人际关系的和谐发展。要转变传统的以教师为中心或以学生为中心的观念，建立良好的生生关系、师生关系，促进师生关系的和谐有序推进，引导师生之间在彼此尊重中共同进步。

第三，朋辈环境。朋辈心理环境，即高校学生与朋友和同学之间在日常交往中，产生的一种心理氛围。在朋辈心理环境下，大学生年龄并不存在很大的差异，彼此在价值观、生活模式、学习经历等方面比较类似，所以朋友之间有着更为浓厚的信任感，也使得大家在交往期间彼此作用与影响最大化。现在学校提倡“朋辈教育”，推进“课程思政”建设，朋辈心理环境要求我们加强对社团心理、人际关系、宿舍心理等方面的关注。

人际交往互动过程中，朋友间的认可和鼓励将对自我心理及行为产生直接影响。和谐积极的人际关系下，人们的信任感、安全感更为强烈。通过开展和谐高效的人际交往互动，能够满足大学生对友情、知识、认同等情感方面的需求，促进学生心理状态的平稳发展，增强社会交往技能，推进道德品质建设。其一，宿舍环境。宿舍是学生日常生活及开展课外学习的重要地方，舍友之间能够在这里进行思想沟通与交流，不过会基于各种原因出现矛盾冲突。推进大学生思想政治教育工作，应该深入学生宿舍，对学校做好积极指引，发挥舆论凝聚力水平，做好舆情管理。构建一种积极健康的宿舍心理环境非常重要。其二，社团环境。需要科学建立不同类型的学生党团组织。党团组织成员具有类似的兴趣爱好，在开展沟通交流期间有着诸多共同话题，很容易形成共同的价值理念。因此，学校应该加强对党团组织建设的关注、丰富学校业余生活、积极传播先进文化，营造良好的朋辈环境。

二、“课程思政”的网络生态环境

在本书第八章《大湾区特色文化“思政元素”资源库》中，我们将会详细地分析开展网络思想政治教育，提升思想政治教育实效性。其中，通过调研，探讨思想政治信息获取途径及其效果、影响网络思想政治教育效果因素及提升思想政治教育实效性对策。回答了学生利用网络的频度、大学生获取思想政治信息的自主性如何、大学生对网络上思想政治教育宣传的可接受度如何、网络上的思想政治教育宣传的影响程度如何、信息接受对象的差异性、信息的可接受度、信息接受对象的自主性等问题，并给出加强对学生网络思想政治教育的技术支持，“思政元素”兼顾现实需求，形式上不断创新、建立与完善大学网络思想政治教育工作机制三个对策。在这里，我们就不详细展开，重点只提一下网络生态环境对“课程思政”实效性提升的重要作用。

互联网不断发展进程中，在高校中具有极高的普及率，大学校园逐渐发展成网络用户的主要平台。某种层面上讲，网络传递的信息内容将影响到学生思想政治、道德品质、情感等诸多层面。这一影响非常复杂，我们在注意到其中积极影响的同时，还不可忽略其中的消极影响。网络环境的快速发展为开展大学生思想政治教育工作提供全新的发展契机，同时，互联网存在虚拟性、开放性、全球性等特点，西方社会的拜金主义、个人主义等消极腐朽思想也会通过互联网渗透学生思政，这些无疑制约并影响到传统思想政治教育的发展，给思想政治教育带来很大的挑战。另外，“探索式学习”得到广泛的应用。大学生在课堂所学知识的基础上，借助互联网来探索其他未知的知识。借助互联网来获取掌握知识的方式已经成为一种全新的学习手段。

网络课堂，是指随着网络技术发展而出现的一种新型教学组织模式。网络课堂可以看作课堂在网络空间上的一种扩展，它为新时代背景下做好高校思想政治教育提供了全新的发展空间，创新了发展方式。从教师层面上，应高效发挥网络课堂这一平台作用，从根本上摒弃落后单一的教学模式，积极改革优化授课方式，综合借助多元化数字资源建设高质量的交流互动平台，为教学工作顺利开展赋予更多的时代气息，引导学生积极参与到课堂教学活动中。从高校层面上看，关注网络的育人功能，需要提升建设、管理和监督校内媒体的质量，对于校内媒体要严守“大门”关，确保专人管理，严格落实学校意识形态责任制。层层压实责任，为提升大学生网络文化质量，传递社会主流价值“保驾护航”。从国家层面上，应积极发挥网络正向导向作用，凭借主流媒体的优势，创新技术，运用新模式，把握传播制高点。不仅要加强对高校思想政治教育重要性的宣传，增强教师责任感，还需要加强对正能量事迹的弘扬与传播，让网络课堂真正成为思想政治教育的主阵地，成为弘扬正能量的“主战场”。

三、“课程思政”的群体心理效应

推进思想政治教育开展中，教育对象并非孤立存在的，而是通过群体方式而出现，教育者和被教育对象之间构建良好的社会联系，推进人际关系建设，开展人际互动。所以，我们对“课程思政”环境进行分析探索过程中，推进大学生思想政治教育建设，应充分发挥群体心理效应。具体来讲，要求我们着重做好下列四个不同方面的工作：

第一，发挥大社会标准化效应。美国心理学家穆扎弗·谢里夫研究了大学生群体分别在个体情境、群体情境下的差异，从中得出，被试者独自开展试验时，不同被试者之间，判断存在显著差异；相应地，当多数人共同开展实验过程时，被试者会得到比较相同、倾向一致的观点，作者将该倾向一致的意见称为标准化。谢里夫还发现，在共同活动时，人们心理上存在的标准化倾向，可以理解为人们在对外界事物的共同认知和判断发生了彼此接近、趋向一致的类化现象，会导致固定化、模式化。本质上讲，我们可以将社会标准化倾向理解为一种从众现象，也就是在群体中，当个体面临压力时，通常会自然而然地在行为、判断及知觉上呈现出和群体内大多数人相似的情况。

美国心理学家弗里德曼指出，人们之所以会出现社会标准化倾向，从根本上与对他人的信任和偏离的恐惧紧密关联。所以，思想政治教育开展期间，教师需要充分发挥这一社会标准化倾向的优越性，改变大学生群体之前存在的被动状态，充分发挥大学生的主观能动性，把行为准则、社会意识、道德规范内化于心，外化于行。另外，我们也可以发挥这一社会标准化倾向的优势，把来自群体的压力内化为不断努力奋斗的动力，最大层面地确保既定思想政治目标能够得以实现，提高“课程思政”的实效性。

第二，借助社会堕化效应。所谓社会堕化效应，即群体一同完成某一任务时，与单独完成相比，个体努力存在偏少的一种现象。如果群体一同面临某一任务，成员个体面临的压力会下降。随着压力的降低，人们行动动力也会随之趋弱；群体行为下，个体存在鲜明的“付出公平”理念，也就是在活动中，个体能够对自我付出进行调整，使自己与群体中的他人付出相符。换句话说，群体成员考虑到其他伙伴可能存在偷懒行为，所以他们也会刻意降低自己的付出，避免出现个人付出而他人产生“搭便车”的情况。此外，由于群体其他成员的存在，为不作为的个体提供了有效的遮蔽，降低了因不作为产生的心理负担。所以，开展大学生思想政治教育，应对大学生个体开展独自辅导，将可能存在的社会堕化效应控制到合理水平，激发每一位大学生的竞争意识，充分发挥各自的主观能动性。大学生之间也应该做好沟通交流，团体中大都在努力加强对专业理论知识的学习，增强动手能力，提升自我综合水平，也促进个体努力上进。此外，学校还应该加强对大学生团队协作精神的培养，增强学生对不同群体的忠诚度，引导大学生能够在各自的团体中贡献自己的力量。

第三，借助凝聚力效应。凝聚力效应，即群体对其成员的吸引力，及成员对群体的向心力和满意水平，成员间的彼此吸引和接纳水平。[①]群体凝聚力将可以给群体营造一种积极健康的工作氛围，引导不同成员间加强合作交流，增强工作实效。不过我们也应该关注的是，如果群体具有较强的凝聚力，很容易出现群体极化的情况，也就是受到群体思维的影响，群体成员一般不接受对群体决策的质疑，决策期间不接受任何相反的观点，通常对最初的决策持有一种支持的态度。受此影响，与个体相比，群体做出极端决策的概率更大，这对群体做出科学合理的抉择是一种负面影响，这是一种个体趋向从众心理的表现。所以，推进大学生思想政治教育，除了应该增强大学生所在群体彼此吸引力，增强大学生对群体的满意度，令大学生在群体潜移默化的环境中不断提升自我水平，还需要规避可能存在的群体从众心理、群体极化现象，营造科学积极的班级氛围，在积极良好的班级心理环境下，提升竞争与合作理念。在开展群体互动合作中，全面扩大大学生的发展空间，确保学生自我价值和社会价值得以实现。

第四，借助他人在场效应。20 世纪 20 年代，F.H. 奥尔波特在开

① 姚利民、王钰、贺光明：《说高校凝聚力》，《当代教育论坛》2010 年第 4 期，第 41 页。

展调研中发现：如果有他人在场，人们将提高工作成绩，但是有时候，有他人在场，成绩反而会降低，在社会心理学中，这一现象称为社会助长作用和社会干扰作用，我们统称之为“他人在场效应”。这主要是考虑到因其他人在场，对个体产生一种社会刺激，该刺激能够将个体竞争意识和被赏识的意识激发出来。在此基础上，个体活动效率也能够得到显著的提升。反过来，如果他人在场对个体起到干扰效果时，则不利于提升自我工作效率水平，甚至降低工作效率。整体来讲，他人在场不管是起到积极影响，还是起到抑制影响，都和工作性质紧密关联。当个人开展的是简单活动时，则他人在场能够对个人行为产生积极影响，如果个人开展的是一种复杂活动时，他人在场往往将起到分散注意力的效果，不利于提升个人工作效率。大学生每时每刻均处在既定的群体环境下，如正式群体、非正式群体。开展思想政治教育，管理者及教育者需要加强对他人在场效应的关注，结合教育任务性质确定最佳的工作方式，发挥社会助长效应，摒弃可能出现的社会干扰作用，以最大限度地激发大学积极性参与、主动研学、自我进步、自我成长的主观能动性，以提高“课程思政”最大的实效性。

第七章

思政元素的运用

第一节 “思政元素”的调研

一、研究背景

思想政治教育在我国高校历来具有十分重要的地位和作用，相关工作也始终在不断地深化和细化。《大国方略》为代表的“中国系列”课程让高校思政课程的覆盖学科领域得到了进一步的拓展和延伸，德育改革的视角也由原本的思政课程朝着其他课程延伸，责任由思政课教师向其他教师扩散，开创了新的教育模式和教育理念，在“课程思政”概念提出后，各地都争相效仿，引起了一股研究“课程思政”的热潮。“课程思政”的实施已经成为思想政治教育必然的发展趋势。

2020年，教育部印发《高等学校课程思政建设指导纲要》（以下简称《纲要》）。文件中特别指出“要发挥各课程之间的协同效应并构建‘三全育人’大格局，就势必要提高教师队伍主力军的能力，发挥好课程建设主战场的作用，促进课堂教学主渠道的改革”。“课程思政”的全面推开是致力于形成“大思政”格局的有力举措，引导全国上下从顶层设计到教师具体实施更有理有据，思政课程和课程思政的合作更同向同行，思政课教师和专业课教师的协作更有血有肉，促使育人工作更具有战略的前移性和全面性，育人的责任更具有全员性和持续性。“课程思政”是将思政教育改革的矛头分散到其他课堂，唤醒其他课程育人的初心，与思政课程共同提升学生的思想政治素质。同时《纲要》也强调，在进一步系统化和规范化课程思政建设的基础上要根据专业特色，结合专业内容，实现多学科和多主体育人的优势。其中，职业和技工学校是贯彻课程思政的难点，“思政元素”的有效实施是课程思政实施的痛点，课程思政实施过程中广泛存在现有资源良莠不齐、零散混乱，以及未知资源挖掘困难等问题，因此，“思政元素”的全面挖掘以及和各个学科的融会贯通，也成了课程思政理念贯彻落地的重要环节，需要专业课教师在革新思想的基础上常抓不懈。

同时，基于当代青年学生思想政治素养的现状，强化理想信念教育，刻不容缓。并且由于课程思政的理念相对比较新颖，目前尚未全面普及。尤为值得引起注意的是，长期以来不少高职学校、技工院校等职业教育学校，对思想政治教育工作本身就不够重视，所以推进课程思政建设非常必要，开展课程思政建设的研究是当前亟待解决的问题。

二、研究目的

为构建适合职业院校以及技工院校特色的课程思政应用方法，对这类院校的课程思政的实现路径进行深度的探索和研究，是非常有必要的。尽管“课程思政”是研究热点，但对于“如何开展课程思政”“实现路径是什么”等特定领域、针对性强、操作性强的研究处于空白，而这恰恰是实践中需要回答的重要问题。

一方面，我们通过调查问卷及数据分析，了解目前技工院校及高职院校师生对于“课程思政”的认识程度、接受程度，对“课程思政”的开展方式、形式、内容的需求及对教师的综合能力素养的期待等。同时厘清各学校在课程思政建设中存在的困难，并通过某技师学院的课程思政建设实践活动，总结经验，理顺问题，形成一定的理论认识，总结出一条适合技工院校的课程思政行之有效的实现路径，可行的具体方法，优化设计“课程思政”的激励机制，达到推动课程思政落地落实的目的。对于地级市的技工院校的专业课如何嵌入“课程思政”提出具有一定实践价值的建议。

另一方面，基于了解现状是解决问题的基础，我们通过调研了解职业和技工院校“思政元素”运用现状发现：各职业和技工院校通过多样的渠道提高专业课教师课程思政实施的能力和效果。但专业课教师课程思政具体实施的程度如何，与教育部所提的要求有什么差别，需要我们从政策文本的源头上进行比较，从现实中探寻。通过阅读大量已有研究和文献，提炼整理文献综述，发现专业课教师在“思政元素”运用方面问题较为突出，“思政元素”的开发和运用是课程思政过程中最为重要和最为核心的环节。因此，提高专业课教师“思政元素”运用的能力直接关系到课程思政工作的实效性、影响力、亲和力和持久度，对促进学院课程思政的推进也具有深远的影响。梳理在“思政元素”的选择、提取消化、结合融入、运用实施、结果评价等方面所存在的问题和已积累的经验，寻找实然和应然之间的差距，从差距和经验中探索更切实、更针对、更高效的资源运用路径。

三、研究的主要内容及方法

所谓“课程思政”，其实是一种教育理念，就是把思想政治教育元素和思想政治教育功能融入课堂教学各环节，即把理想信念、职业道德、工匠精神、奉献社会等一些关键的、代表性的理念全部纳入专业课程教学当中去，通过价值引领和知识传授的高度融合，从而实现立德树人，是一种润物无声的思想政治教育形式。这一理念，在2016年上海市社会科学界第十四届学术年会思想政治教育学科专场上提出，受到了学术界和实践工作者的广泛重视。由于“课程思政”理念具有重要的实践价值，国内许多学校陆续开启“课程思政”的教学改革和相应的理论研究。

本课题主要研究以下五个方面的问题：一是职业和技工院校课程思政特殊内涵。进行概念上的讨论，厘清技工院校与普通高中、普通高等大学相比，在课程思政内涵方面有哪些方面的特殊性。二是职业和技工院校课程思政实现情况。对技工院校课程思政理念的接受情况，有没有建立相关的制度，有没有进行相应的教学设计、教学改革情况进行综述和评价。三是职业和技工院校课程思政的主要经验。对技工院校课程思政的典型案例进行梳理，并归纳这些典型案例所揭示的主要经验。四是职业和技工院校课程思政的主要困难。分析目前技工院校推进课程思政工作中存在的主要困难，并分析其内在成因。五是职业和技工院校课程思政的实现路径。“课程思政”这一理念的实施有效性包括以下几个方面：教育目标总体有效性、教育内容总体有效性、教育方式方法总体有效性、课堂教学总体有效性、教育者总体有效性、教育环境总体有效性、教育结果有效性。

“课程思政”研究方法主要包括：文献分析法，收集与查阅新媒体环境下，课程思政的构建方面研究成果，为课题研究提供系统的理论框架和科学的方法论。调查研究法，通过观察、访谈、问卷调查、图表统计等形式跟踪调查，取得课题所需数据及材料，进一步分析总结研究。采用焦点团体法、团体访谈等研究方法，数据收集的集中效果，团体讨论。

四、研究意义

拓展课程思政理论研究的视角。把握“课程思政”建设及“思政元素”运用的内在规律。课程思政自提出起备受各学者和教师的重视和研究。对课程思政的内涵、特征、实施的原因意义、同向同行等理论阐释方面是初期研究的热点，之后学者们进一步分散研究方向而聚焦视角，在课程思政的模式创新、实施主体能力提高、评价体系完善、专业实施探索等实践方面的研究趋多。究其课程思政的本质内涵，就是在唤醒专业课程的思政功能，与思政课程一同致力于塑造全面发展的人才。因此，近两年来关于课程思政的研究方向逐渐与具体专业课程相结合，把研究理论放在坚实的基础上，更加向解决现实问题靠拢。当前在专业课程思政方面的研究切入点众多，研究思路和方面较为固定统一，但尚缺乏着眼于课程思政资源运用的专项研究，将各门专业的特色经验上升到一般的规律上来，本文将从此出发丰富现有的研究成果，为之后的发展提供可参考的方向。

探索职业和技工院校教师课程思政资源运用的路径。课程思政经过五年的探索和研究及各地各高校各学院的积极响应，一定程度上得以实施和落实，使越来越多的专业课教师认识到课程思政实施的必要性和可行性。但具体推进过程中仍存在不同程度和不同方面的挑战和困难，特别是“专业教育”和“思政教育”两张皮的问题尤为突出，“思政元素”内容链接不顺畅，“思政元素”挖掘度和融入量的问题层出不穷。同时现有的文献中大多是立足专业的特色实证研究，但广泛地遍及具体课程和知识点方面还具有一定的发展空间，因此，关于专业课程思政的研究要继续扩大探索范围，深入更具体、更全面的实证研究，也迫切地需要适时总结和归纳经验，使之更具有普适价值和指导意义。坚持以问题为导向，以实际情况为出发点，督促专业课教师在正确理解“思政元素”内涵的基础上，多方面深入挖掘“思政元素”以辅助多渠道有效利用思政资源，奠基好课程思政实施的关键环节和重要步骤。

有利于推动技工院校课程的教学改革。“课程思政”，其实是一种比较新颖的教育理念，将这一理念应用到技工院校教学中，有利于推动技工院校公共文化课、专业课的教学改革，将“理想信念、职业道德、工匠精神、奉献社会”等思政元素融入和贯穿到文化课、专业课的教学当中。

有利于提高思政课教师的综合能力。“课程思政”提出后，对思政课老师提出了更高的要求，单一学科知识很难解决当代社会各种复杂问题，跨学科交流、沟通与合作成为一种新的发展需求。思政课教师通过协助专业课教师挖掘各类课程中的道德资源、伦理话题，找到思政元素的契合点。定期讨论分析、总结提炼，共同梳理专业课程中的思政元素，编写课程思政案例，将其列入专业课教学计划和课堂教授的重要内容。让思政课程教师的专业技能和职业素养获得不断提升的机会。

这对于专业课程教师自身意识的提升以及知识体系架构的丰富都是大有裨益的。该课题研究得出的关于技工院校课程思政特殊性的规律性认识，同时也能够让思政课教师及专业课教师拥有更前沿的理念，拥有更创新的教学方法。

有利于进一步提升技工院校专业课质量。将“思政元素”嵌入专业课，这有利于进一步将人文、思政等元素，全方位、多层次地融入专业课之中，从而有利于进一步提升专业课的质量。

五、国内外研究现状

国内外研究现状是了解当前专业课教师课程思政实施、课程思政资源运用方面的发展程度及研究焦点领域，从而在继承优良成果的基础上着眼于盲点区域、薄弱环节。基于当前课程思政理论研究成果丰富、实践探索零散而不深入的现状，本研究从课程思政实施环节中最难攻克且起承上启下作用的理工科专业课教师课程思政资源运用的角度展开研究。

（一）国外研究现状

在国外并没有“思想政治教育”和“课程思政”的概念，但存在国家对公民进行主流意识形态的教育形式，用以培养支持本国政治和建设的公民，称为“公民教育”“宗教教育”“人格教育”等。同时国外也很注重在专业课程、社会领域、学校活动中对学生进行德育，认为德育不应该单独作为一门课程进行，而是要在其他课程授课的过程中同时开展。① 这与我国的课程思政异曲同工。

1. 隐性思想政治教育的发展历史

国外很多专家、学者及研究人员都认为德育教育活动和智育教育活动是不可割裂的，专业教育与道德教育也是相辅相成的、密不可分。瓦·阿·苏霍姆林斯基是苏联著名的教育学家，他在进行深度研究之后提出了自己的观点：教学实际上就是教育性教学，无论是世界观的教育还是道德观的引导，都应该以科学知识作为支撑，但是每一个单独学科所发挥的德育价值作用是相当有限的，为此，就应该推动多个学科的高度整合。赫尔巴特也提出课堂中德育元素和学生道德修养之间存在着正相关的关联。他认为，人类社会的发展速度越快，在课程当中越是要积极地引入精神领域以及品格方面的相关内容。美国著名教育学家约翰·杜威也认为每一门课程都有对学生进行德育的价值，德育只有跟各门课程相结合才能发挥更有效、更长久的作用。因此，专业课程中渗透德育不仅必要而且可行。

国外一直很重视隐性教育，并认为其比显性课程产生的作用更大。隐性教育历经了一个十分漫长的发展过程。杜威在《民主主义与教育》中创新性地提出了“附带学习”的概念，他认为学生在学习过程中，所获得情感以及态度领域的收获远比知识本身更重要。威廉·赫德·克伯屈这位来自美国的进步主义教育学家，对杜威的思想又进行了延伸和拓展，提出了“伴随学习”的概念。“伴随学习”是指学习知识的同时，获得的态度、兴趣、思想道德的提升 会影响学生一生的过程。布鲁姆在《教育的无知》中明确地提出“显性课程”

① 胡适：《杜威之道德教育》，安徽教育出版社 1995 年版。

和“隐性课程”的概念。美国学者利比特和怀特等也提出隐性课程中所输出的教育性因素对于学生学习能力的提升以及学习态度的端正程度，较显性课程的影响还要大。因此可以看出，隐性教育在国外的发展和重视渊源由来已久。

2. 渗透思想政治教育的方法

教师在课堂教学和渗透德育方面发挥举足轻重的作用，提高个人品质和注意人格形象是为人师表的基础，创新课堂形式和加入实践教育，多样化实现专业知识与德育内容的融合，让学生在乐于学习的过程中培养跨学科的思维方式。弗雷德在《个人、社会和道德教育》中指出，每位老师、每个学校都有义务和责任培养学生的道德品质和个人素质，教师在教育过程中能促进学生成为“完整的个体”。

班杜拉强调教师为人师表的作用，提出教师的一举一动都会对学生产生十分深刻的影响，教师应该时刻注重自己在教学过程中的人格形象，发挥正面的榜样作用。研究学者罗杰斯曾经提出，教师应该为学生营造更为优良和谐的德育教育环境，让学生在不知不觉中体会和接受品质教育，教师本人的形象及言行相对于学生来说，也是属于环境的一个组成部分。布朗强调在英语课堂中，教师应把英语文化教学与语言教学、德育教育相融合，让学生在情感体验中理解英语的文化和风俗，进而激发学习兴趣，取得更好的学习效果。国外强调素质教育和隐性教育较早于国内，形成很多优秀的思想和实施措施。但是，在“搬他山之石攻中国之玉”时，既要善于发现和学习，也要保持理性和辨证，从中国国情和学生学情出发，在根本上“发掘、育化、升华人的素质”。

（二）国内研究现状

1. 专业课教师课程思政资源运用存在的问题研究

改革对过去习惯于“重教书轻育人”“重科研轻教学”的上课模式和上课思维形成巨大的冲击，势必会遇到很多的困难与阻碍。专业课教师实施课程思政是让专业课程也充满“思政味”，思政元素和专业知识就像盐溶于水一样，而不是油和水之间不相融合的关系。当前研究文献对于课程思政实施问题的研究大多从教师主体、保障机制、课程性质三方面论述。罗仲尤、尤芳舟、朱征军等人指出专业课教师作为课程思政的实施主体，在实施过程中不同程度上存在德育意识不强、德育素养不高、德育能力不足等问题，课时有限、精力有限、德育效果难达到等困境，阻碍专业课教师的实施和运用。刘奕琳、罗仲尤等学者认为专业课教师实施课程思政的积极性和主动性可以靠合理的驱动机制来调动，但当前推动课程思政实施的评价机制尚未完善，主要存在“评价内容单一且流于形式、评价方式过于量化、育人实际成效对专业课教师职业发展影响度太低”[①] 等方面的障碍，无法刺激课程思政的落地落实。还有部分学者从课程角度出发，课程性质不同对开展课程思政所遇到的困境就会有所不同。于歆杰以电路原理课程为例，认为理工科相比于文科“知识体系和逻辑关系理性严谨，缺乏显性的思政元素，教学方法多从‘公式到公式’，在教学过程中缺乏融入思想政治教育的显性抓手，开展课

① 罗仲尤、段丽、陈辉：《高校专业课教师推进课程思政的实践逻辑》，《思想理论教育导刊》2019 年第 11 期。

程思政具有相当的难度”[①]。综上所述，主客观多方面的因素制约专业课教师实施课程思政的进程和效果。问题的调查和把握应坚持从现实出发，但当前研究现状中缺乏对教师实施过程中问题和感受、学生接受的程度和效果的了解和分析，之后的研究应加强理论阐释和实践探索的结合，相互补充，共同推动理论高度的发展和实践效度的精进。

2. 关于专业课程中“思政元素”内容的研究

每门课程都具有丰富的“思政元素”和深厚的育人功能，需要专业课教师用心留意和用力挖掘，而思政资源的挖掘和融入是理工科贯彻课程思政的难点和重点，对此，各大专家和学者针对理工科专业课程中“何为思政元素、如何挖掘思政元素、怎么融入思政元素”进行了热烈的探讨和研究。陈航、王宝军、靳卫萍等学者罗列和阐释了本门专业课程上所内含的思政元素，给予专业课程以清晰的思政定位和有力的德育抓手。但各门专业课程思政元素雷同、与专业内容融合度不高、专业特色不鲜明等问题仍普遍存在，之后逐渐有越来越多的研究开始从与专业课程紧密联系的一个或几个思政元素着手，聚焦某个思政元素的融入，进行专业课程思政的教学设计和实践研究。专业课程的思政元素是内源性而不是外嵌性的，因此，对于思政元素的挖掘和融入要坚持从专业课程本身及其组成要素出发，可以在教学内容、教师主体、教学环节、课后作业、教学方式、考核评价等方面实现。冯培认为“每位教师的言谈话语、行为举止、

① 于歆杰、朱桂萍：《从课程到专业，从教师到课组——由点及面的课程思政体系建设模式》，《思想理论教育导刊》2021年第3期。

学术操守都是行走的思政资源，其间所蕴含的政治品格、师德师风、职业素养都在无形中影响学生”[①]。甚至李骏扬、那俊、胡小溪等学者实现教学方法和教学内容的融合，并不是分开罗列本门课程包含的思政元素和可行的教学方法，而是用教学设计的形式结合具体课程或知识点，用所适应的教学方法向学生传输知识或培养技能时塑造品质、提高素养。

3. 专业课教师“思政元素”运用措施研究

专业课教师德育能力的提高是落实课程思政的“最后一公里”，不仅可以通过培训深入学习德育的方法和途径，更要结合实践检验方法的实效性和可行性。

近年来专业课教师实施课程思政的实践探索不断增多，逐渐积累了如案例法、小组讨论法、情景导入法等创新教学形式的方法，也有讲座式、网络授课、实践教学等丰富课堂类型的方法，以更多样化和更巧妙的方式实现思政元素有机融入。

最早是陈航、李骏扬等学者归纳和陈述了教师进行课程思政可行的方法，之后越来越多的学者结合课程内容用一种或两三种教学方法具体阐述课程思政的教学过程和教学设计，更全面深刻地了解专业前沿知识和企业真实需求。张勇创新性地将网络教学方式与实践教学方法结合起来，在“环境问题观察”实践课程教学过程当中，应该紧跟“互联网 +”浪潮，推行“互联网 + 环境教育”的新模式，他的实践课程有 20 多位专业教师和来自各个行业领域的 20 多位环

① 冯培：《构建同向同行、同频共振高校思想政治工作体系的着力点》，《思想理论教育》2020 年第 9 期。

境政策的制定者等人员上台轮流试讲，围绕学生在实地观察和现场参观所发现的环境问题进行相应的解答，并在 MOOC 上线实现优质资源的共享和开放。总体上来看，专业课教师因课制宜，创造性、多元化地丰富课程教学的整体模式和具体环节，提高学生课堂内容学习效果；多样化、开放性地利用网络辅助和实践感知等方法，使内容以更灵活丰富的形式得以适量延伸。总的来说，不断拓展思政元素融入的场域和形式，适应不同内容的特点和学生的需要，使思政元素与专业内容衔接更加自然，使学生接受和内化更加无形，对于理工科专业课程思政资源的运用来说极为重要。

六、研究结论及分析

本次调研为全面深入了解“课程思政”教育教学情况，从师生对“课程思政”的了解程度、认同程度、参与程度、对其内涵的认识、教学内容、教学方式、教学效果、在“课程思政”教学改革中遇到的困难、需要得到的帮助等多个维度设计了“课程思政”教育教学情况调查问卷（教师版）与“课程思政”教育教学情况调查问卷（学生版）两种问卷，分别由 21 道调查题目和 15 道调查题目组成。本次调查开展时间是 2021 年 6 月至 7 月，以某市职业院校（含技工院校）在校师生为调查对象，通过分层取样抽取各学科教师和一至四年级在校学生为调查对象。教师版问卷共收回有效问卷 579 份；学生版问卷共收回有效问卷 16303 份。

通过对所回收的有效问卷的统计分析，“课程思政”的教育理念已逐步被师生理解、接受和认同，认为开展课程思政建设是重要的。如教师答卷中，认为有必要开设课程思政建设的占 99%，认为很有必要的有 74%（见图 1–1）。学生问卷中，学生对课程思政这一教育理念比较了解（见图 1–2），对教师在专业课授课中融入思想政治教育内容表示“非常欢迎”的为 46%，“欢迎”的 45%（见图 1–3）。学生认为开展课程思政对自身在专业知识学习、职业选择、行为习惯和社会实践方面有较大影响占比（见图 1–4）。

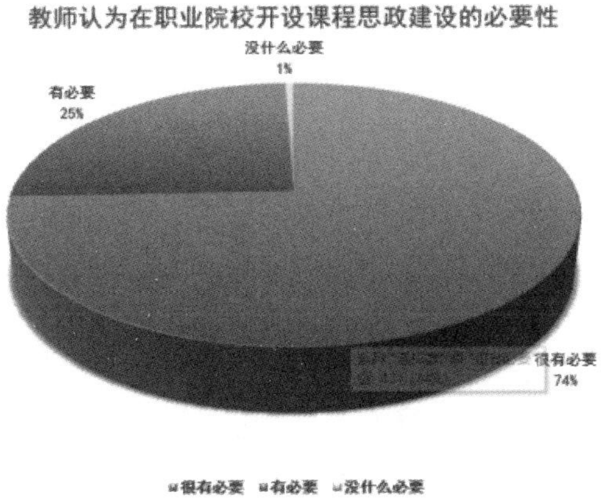

图 1-1

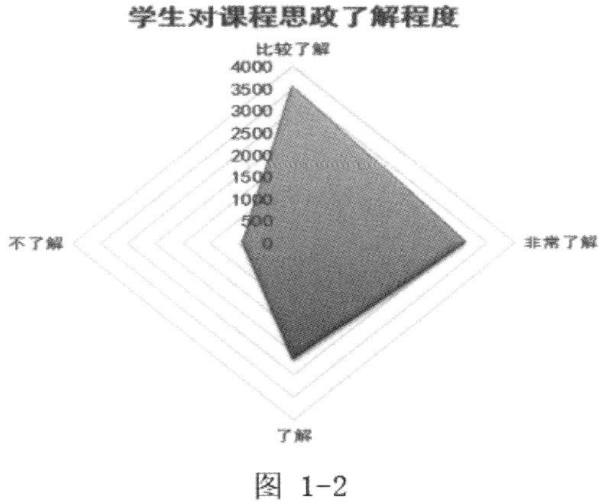

图 1-2

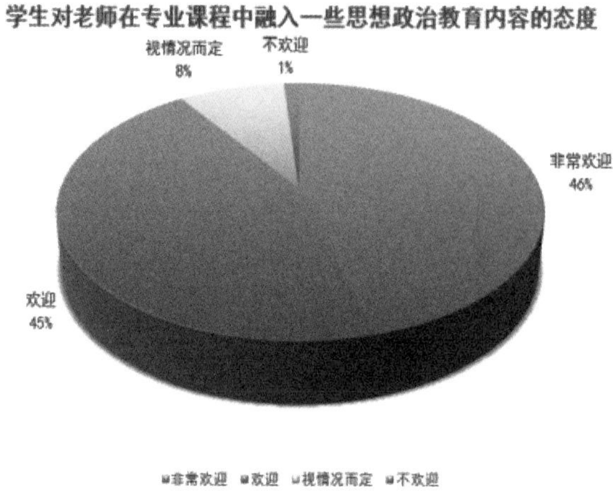
学生对老师在专业课程中融入一些思想政治教育内容的态度
视情况而定
8%
不欢迎
1%
非常欢迎
46%
欢迎
45%
非常欢迎 欢迎 视情况而定 不欢迎

图 1-3

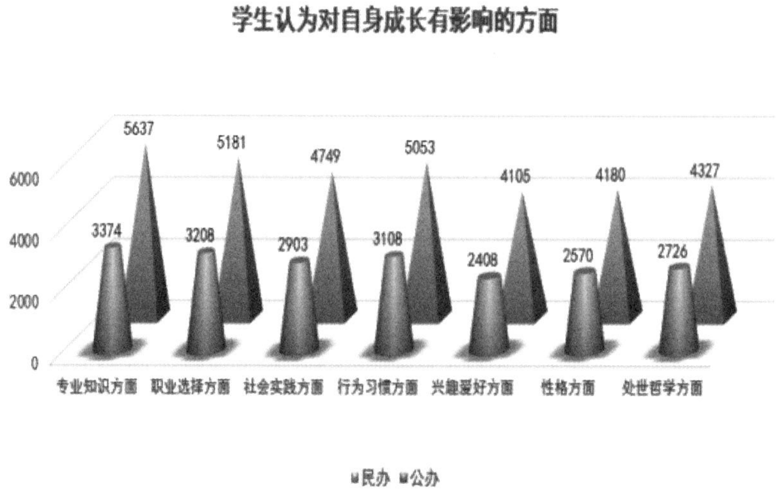
学生认为对自身成长有影响的方面
6000
4000
2000
0
3374
5637
3208
5181
2903
4749
3108
5053
2408
4105
2570
4180
2726
4327
专业知识方面 职业选择方面 社会实践方面 行为习惯方面 兴趣爱好方面 性格方面 处世哲学方面
民办 公办

图 1-4

还可见得，师生在接受认同“课程思政”的基础上，对课程思政建设、思政课开设的内容上有较深入细致的思考。如在调查问卷中，教师认为应该开设的思政课必修课有15门，选修课有16门。在挖掘课程思政元素上应突出职业素养、团队合作、工匠精神、遵守纪律、吃苦精神、创新精神等9个方面（见图2-1）。学生认为应该开设的思政课有道德法律与人生、心理健康教育、经济与政治常识和中国共产党党史等15门。学生表示喜欢教师在授课中讲解中国共产党百年奋斗历程、英雄人物故事等思政内容（见图2-2），认为教师应在课堂教学思想政治教育方面突出世界观、价值观、人生观构建的引导、爱国教育、社会主义核心价值观等15个方面。

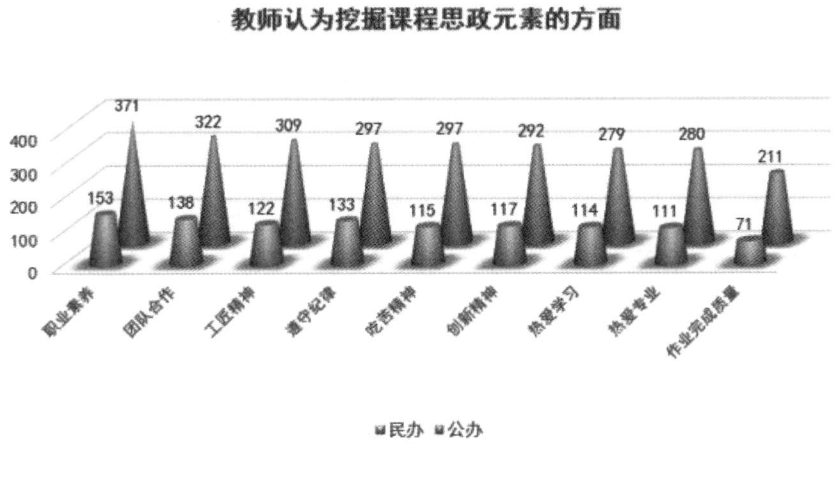

图2-1

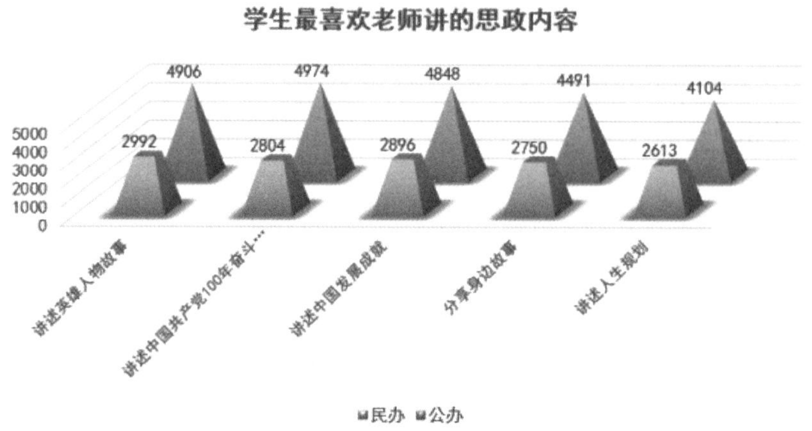

图 2–2

在所有教学方式中，师生普遍认为潜移默化式的、体验性的教学方式最适合课程思政教学。“课程思政”应有机融合思政元素而不是生搬硬套，应以自身的人格魅力和感染力，润物无声地开展价值观教育。如教师认为“课程思政”效果最好的教学方法为案例分析和社会实践（见图 3–1），最适合职业院校学生的教学方法也是案例分析法、社会实践法和小组合作式学习法（见图 3–2）。学生比较喜欢“视频学习、社会实践、英雄故事、案例分析”此类教学方式（见图 3–3）。学生普遍认为“讲话有艺术，具有感染力”“三观正确”“有人格魅力，能以身作则”的老师对自己的行为影响力最大（见图 3–4）。通过“课程思政”教学改革尝试，师生在教学评价中达成了共识，规范了教师的师德师风行为，学生也在精神层面获得较深体验。如教师问卷中，老师们认为教学评价应首先关注学生满意度、突出爱国主义精神培养（见图 3–5），侮辱体罚学生、在课堂散布消极言论、妄议党的路线方针政策等行为都有违背师德师风行为，应坚决避免。学生问卷中，学生也表达了讲述专业技能与国家建设的内容最能激发爱国热情（见图 3-6），伟大的抗战精神、抗美援朝精神等对自己在精神层面的影响最大（见图 3-7）。说明课程思政建设确实给教师和学生都传播了很多正能量。

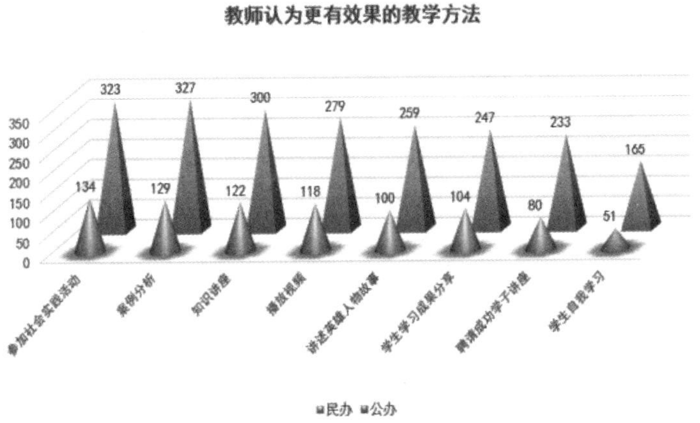

图 3-1

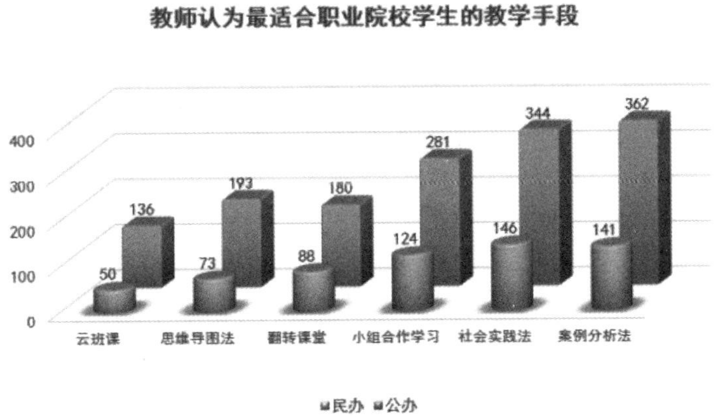

图 3-2

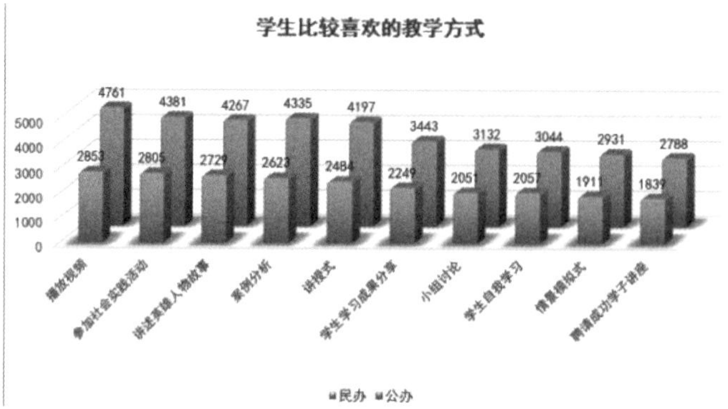
学生比较喜欢的教学方式
5000
4000
3000
2000
1000
0
4761
4381
4267
4335
4197
3443
3132
3044
2931
2788
2853
2805
2729
2623
2484
2249
2051
2057
1911
1839
播放视频
参加社会实践活动
讲述英雄人物故事
案例分析
讲授式
学生学习成果分享
小组讨论
学生自我学习
情景模拟式
聘请成功学子讲座
民办
公办

图 3-3

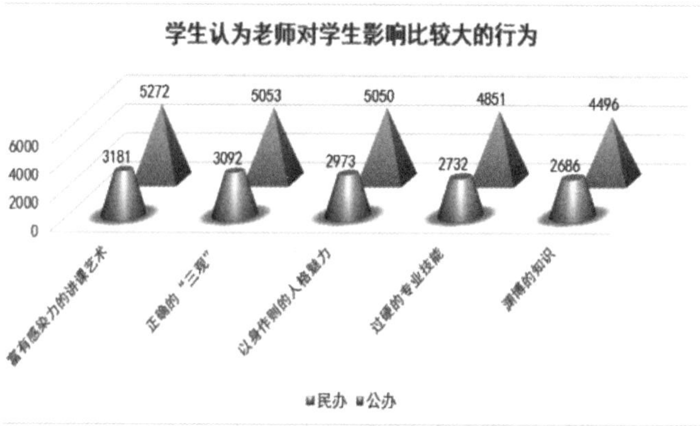
学生认为老师对学生影响比较大的行为
6000
4000
2000
0
5272
5053
5050
4851
4496
3181
3092
2973
2732
2686
富有感染力的讲课艺术
正确的“三观”
以身作则的人格魅力
过硬的专业技能
渊博的知识
民办
公办

图 3-4

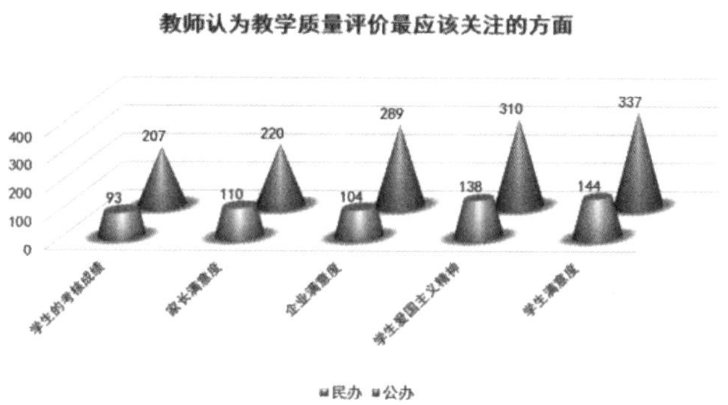
教师认为教学质量评价最应该关注的方面
400
300
200
100
0
207
220
289
310
337
93
110
104
138
144
学生的考核成绩
家长满意度
企业满意度
学生爱国主义精神
学生满意度
民办
公办

图 3-5

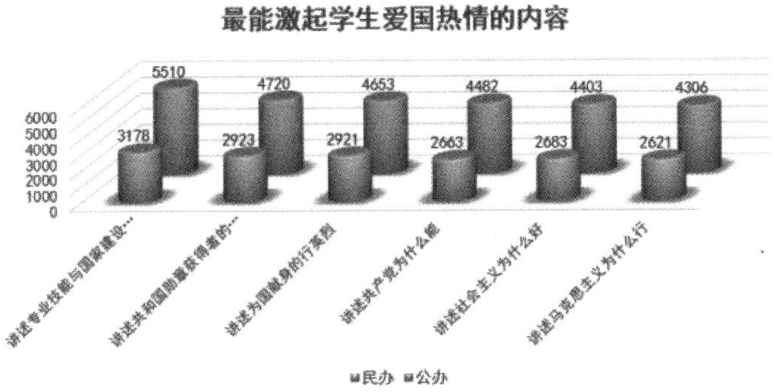

图 3-6

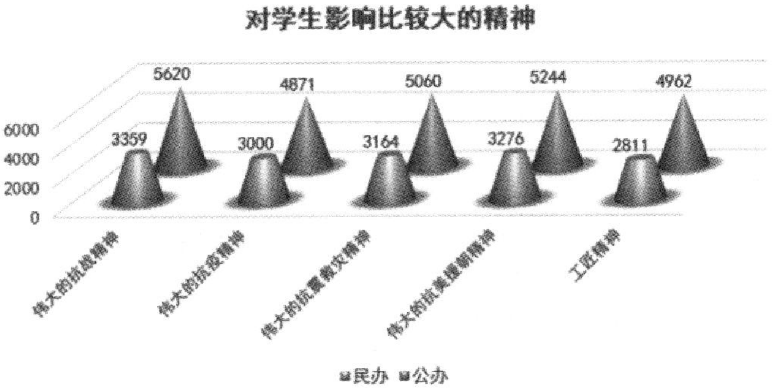

图 3-7

以上数据证明“课程思政”理念已逐步深入人心，“课程思政”建设非常有必要，其推动和实施具有现实意义和推广价值。接下来，我们根据以上的研究结果，重点论述如何讲好“工匠精神”这一重要的“思政元素”。

一是渗透到教学设计与课程体系之中。要通过有效的方法和举措，让思政课程和工匠精神的培育相互融合对接。可以选取相应的章节，在内容的深化和拓展上下功夫、深挖掘。可以创新教学的方式方法，充分提炼、升华，给学生留下深刻印象。举例来说，在某一个章节的学习过程当中，给学生讲述大国工匠的故事，选择生活当中实际存在的真实人物案例，讲述身边的工匠故事，提升教育的实效性。也可以录制各行各业的工匠楷模纪录片，作为讨论案例运用于课堂教学。新媒体时代，思政课教师还可以利用公众号及微信群等，搭建完善的思想政治网络教育平台体系，在这些平台上进行常态化的、不间断的德育教育、主流文化宣传等，这种隐性课程的教育效果是相当有效的。

二是要实施个性化以及差异化的教学方法。工匠精神和课程思政的完美融合要借助多种方式来呈现，如果教师过度依赖传统的教学模式，忽视个性化的特点，很难实现突破，很难达到预期的效果。不同的元素、不同的学生，要运用不同的方式方法，区别对待。无论是线上教学还是线下教学都有其亮点，也都有其不足。通过两者的相互整合，可以做到取长补短。除此之外，课堂中，多采用任务驱动法和体验式教学法等一些相对比较新颖的教学方法，为学生创造更真实生动的情境，塑造学生的工匠精神，而无须拘泥于某一个形式。只要实践证明行之有效的方式方法，都可以借鉴参考、用于实践。

三是体现在教师的言传身教之中。“打铁还须自身硬”，要想真正地讲好工匠精神，教师也要在日常工作和生活当中提升自身的修为。特别是在新媒体背景之下，教师的媒介素养也应该不断提升。其一，教师应用新媒体的能力应该节节攀升；其二，教师在信息采集和信息挖掘领域的敏感性应该不断提升。对于那些存在争议的比较敏感的事件，教师要掌握话语权和发言权。尤其是与思政课为代表的教师，倘若没有办法让学生思想领域缺口得到全面的弥补或者不能够对关键的负面舆论进行有效的引导，将会导致教师个人的威信大大降低，还容易让舆论产生次生灾害。

四是嵌入校园文化环境之中。在一个人成长和发展的过程当中，环境的影响作用是相当深刻的。要让工匠精神和校园文化相互对接，举例来说，努力地追求卓越、努力实现自我价值、吃苦耐劳等核心元素，这些都是人文精神和工匠精神的综合体现。可以将工匠精神元素融入形式多样的校园活动当中去。当然也可以发挥学生会以及社团的宣传作用，同时还可以借助学校广播以及微信平台等媒介对工匠精神进行广泛宣传。总而言之，工匠精神宣传的路径要日益丰富，场景要日益饱满。

第二节　思政元素运用的步骤

“元素”实际上就是某些特定的主体和对象构成的集合。思政元素，也就是思想政治元素，包含的主要是马克思主义哲学的思想。从政治领域上来看，主要指的是我党的方针政策。“思政元素”就是把马克思主义理论、社会主义核心价值观、中国故事、道德规范等内容再分解为各类思政基因组成的合集，这里面的每一个对象都叫“思政元素”。“思政元素”涉及的领域比较宽泛，而且十分具体生动。其包含每个课程在教学体系设计以及教学内容规划的相关要素。

“思政元素”不只是在课堂最后总结讲述那么简单，应当贯穿课堂全过程，“思政元素”运用分别有挖掘选择、提取消化、结合融入、运用实施、结果评价等步骤。本书在讲到“注重社会需求转向重视身心发展和个体需求”时已经分析了“思政要素”内容的挖掘选择问题，所以本节侧重思政要素的提取消化、结合融入、运用实施、结果评价四个步骤展开分析。

一、提取消化阶段

在选择了相应的思政教育的内容后，要聚焦内容，接着提取具有思想政治教育价值点的内容。目前，思政政治教育涉及的“思政元素”大概包括以下几方面：传统文化和国情教育、国防教育、社会教育有效性、时事政治教育、世界观、价值观、人生观教育、创新创业教育、责任感教育、民生民情教育、文明礼貌教育、法律法规和校纪校规教育、榜样教育等。

具体来说，在思政元素提取的过程当中，应该同时兼顾满足思想性、政治性以及育人性。思政元素的提取要精准，达到立德树人的效果。提取消化阶段要做到“广撒网、多敛鱼，择优而从之”。

二、结合融入阶段

专业课融入课程思政并非某一章节融入思政点，而是要将“思政元素”贯穿教学的整个过程。教师在授课前要确定管理学的育人目标，才能引导学生有清晰的认识。管理的性质讲解可结合《道德经》中“人法地，地法天，天法道，道法自然……三生万物”等知识概念实施讲解，引导学生思考其中所蕴含的管理思想。而在此理论形成与发展的相关章节内容中，应对比中外早期管理思想，并且融合中华民族的传统精神和传统文化进行讲解。具体来说，进行思政元素的渗透方式方法比较多样，比如，知识点直接融入、任务融入、项目融入、情景引入、萃取升华、引经据典、类比迁移等。在这里我们只将前三种方式展开来分析。

（一）知识点直接融入

这种融入方法是最为常用也是最为直接的一种方法。通过直接将思政元素融合进知识点讲解中，能够实现“锦上添花”的效果。各课程的知识点被称为“锦”，而思政课程的元素则可以被看成是“花”。以中学语文课鲁迅的《药》这一课作为例子，故事发生的背景是辛亥革命。辛亥革命是新民主主义的开端，故事本身就具有思政元素，那么教师在讲授故事发生背景、介绍辛亥革命时，直接拓展延伸辛亥革命的历史意义，体现了怎样一种精神。这是最为典型的知识点直接融入模式。可以针对知识点的内容，找到思政切合点直接讲课。也可以采取知识点延伸后，找到思政切合点，融入渗透的讲授方法。当然，《药》这一课除了运用“知识点直接融入”还有其他不同的思政元素的融入和运用方法，我们在第七章语文课思政元素的实践运用会详细全面地讲到，在这里就不过多花费笔墨。总之，人文社会科学类的课程中存在大量的这种蕴含价值观要求的知识点，这种方式方法是比较直接，也必将合适。

（二）任务融入

任务融入的典型模式是“移花接木”，即将“思政元素”这个“花”通过课程的学习或训练任务“嫁接”到专业课程的某个知识点或者技能点这个“木”上，如此就能够为达到双赢效果而夯实基础。以“薪酬福利设计”课程中“约定竞业避止应该给予经济补偿”

这一个关键的知识要点为案例进行分析，知识点直接融入存在很大的难度，因此就可以引入某一个个案。某企业没有按照合同的要求进行经济补偿，因此其要求离职员工遵守竞业避止的请求，并没有得到法院的认可，这就将经济补偿与诚信守约这一社会主义核心价值观要求及职业素养要求“嫁接”在一起。许多基础理论知识和简单的技能没有明显的价值取向，可以采用任务融入的方法，实现“思政教育元素”与各类课程的融入。

（三）项目融入

所谓项目融入指的就是为了达到某一个既定效果而开展的不同任务之间的对接和整合，学生在一个项目当中扮演的角色不同，承担的任务也不同。相比较任务驱动教学活动而言，项目教学法更适用于对前一阶段课程知识、技能的总结与升华。针对一些实践特征比较明显的实训类课程，其中涉及的任何一个任务通常都不具备价值取向，这就需要我们通过项目融入的方式导入思政的相关元素。对于比较复杂的“思政元素”，无法融入单一的任务，应采用项目融入的方法。

三、运用实施阶段

应用的过程中，影响“课程思政”实效性，还要考虑到以下几个因素，它们对“思政元素”应用的效果也起到至关重要的作用：思想政治教育课程体系合理性、现有高校思想政治理论课课程质量、学校选用的教材质量、教师编写教案的科学性、实用性、教师设计的多媒体课件质量、网络思政课程质量、教学中师生双边互动有效性、课堂讨论有效性、教学重点、难点、热点问题处理有效性、培养学生分析问题能力有效性、教师听课、评课结果反馈有效性、学生评教结果反馈有效性等。

（一）“思政元素”课堂运用方式方法要灵活

推进专业课融入课程思政，在课堂教学过程当中，教师要对方式方法进行变革和创新，要全面发挥学生的主体地位。对于任课教师而言，他们面临的关键任务就是教学方式的变革，要通过细致的观察，了解学生的学情和诉求，把握学生的成长规律，进行个性化教学。来自不同专业以及不同年级的学生，他们的诉求都是各不相同的。为此，要全面保障学生在学习过程当中的主体性地位，让学生学习的内驱力全面激发，使其充分掌握专业理论知识并对其进行价值引领。

“思政元素”运用要采用灵活多样的教学方法，要不断创新，与时俱进。教师授课时可以随堂应变、灵活应对，从教师讲授到学生畅谈，从讲身边小故事到理论的灌输，从文字到视频，还可以以点带面，合情合理，讲好中国故事，塑造好中国形象，培育好时代接班人。引导学生触类旁通，合理联想，多维度解读，让思政元素与知识目标情感目标打通串联，使思政元素活起来，让孩子们的心灵眼界动起来，让文学作品焕发出时代的魅力和光芒；让思政元素像行云流水般自然流畅地参与课堂教学，融入孩子们的心中，让孩子们在潜移默化中进行思想洗礼，完成品格塑造。

（二）“思政元素”运用到课外教学

要拓宽教学路径，营造物化环境拓展课程思政的外延，“课程思政”教学仅仅依靠课堂 45 分钟是不够的，将“思政元素”应用到“课程思政”过程中，除了课堂，还有其他的方式方法，特别是课外的思想政治教育，思政教育主题的设定应该具有针对性和导向性，并且还要创造机会开展形式多样的实践活动。具体来说，课外的思想政治教育活动主要包含以下内容：开展网络式的教育活动、开展书籍式的教育活动、进行小组之间的学习、开展广播式的宣传教育活动、上党课、开展谈话时的思想政治教育活动、进行榜样模范的宣传活动、开展主题演讲比赛活动、“三下乡”活动、无偿献血、义务支教活动式思想政治教育、拜访革命前辈，参观烈士陵园、革命圣地式思想政治教育、慈善活动式思想政治教育、参加升国旗仪式式思想政治教育、军训式思想政治教育、捐款、图书捐赠式思想政治教育、改善思想政治教育学风式思想政治教育等。

借助社会力量，充分利用“红色资源”开展“课程思政”教学。本书第八章将给大家分享粤港澳大湾区的“思政元素”资源库，里面有许多是粤港澳大湾区的红色资源，并且每一个“思政元素”都有提供实践教学建议。广东省是改革开放的前沿，拥有丰富的红色资源。我们要充分发挥红色文化对学生的教育影响，依靠当地的本土红色文化资源对学生进行全面的培育。弘扬红色传统、传承红色基因，每个地方都应当充分利用并担负起责任，教育者也要时时关注当地的红色资源，带领学生参观红色文化，培养学生的爱国主义等品质。这样可以更好地将“课程思政”教育和“立德树人”的根本任务联结起来。例如：学生可以利用课余时间，参观当地的历史博物馆，见证苦尽甘来百年奋斗史，接受红色精神的洗礼；也可以到烈士陵园，缅怀革命先烈，继承光荣传统等，这些都是优秀的红色教育资源。

四、结果评价阶段

结果评价也就是终结性评价，实际上指的是当学生完成学习任务或者是教师完成教学任务之后开展的一种评价活动。很多教师在实践中将结果评价简单化，认为期末考试的分数就是结果评价。改进结果评价要做到将结果“多样化”，允许结果“多次化”提交，以最优结果作为评价依据。改进结果评价还可以从改变试题的类型和内容出发，将大量的要求记忆的知识点题目变成能够体现学生思维的主观题，整合“思政”与“课程”的内容。

我们要通过以下几个维度来考量“思政元素”的运用效果：大学生具有理想信念并落实在行为中；大学生认同社会主义和共产主义，了解党的基本知识以及路线、方针、政策，拥护党的领导；大学生关心集体，维护集体利益，关心、帮助、理解他人；大学生具有守秩序、爱公物、护环境、尊师长等社会公德并落实在言行中；大学生了解职业理想、职业精神、职业道德并以此指导自己职业行为；大学生具有正确恋爱观，举止得当；大学生具有法纪知识和观念，遵纪守法；大学生掌握了心理健康知识，有心理自我调节能力，提高了心理健康素质；大学生具有耐力、韧性和意志力，百折不挠；大学生具有服务祖国、服务基层理念，自愿扎根基层等。

第三节　思政元素运用实例（语文课）

“课程思政”培养学生良好的思想品德，是实现“立德树人”的有效途径，从而也加强了对语文核心素养的实践。语文课程作为基础学科，其教学应当重视“立德树人”的根本任务，语文的性质就是工具性与人文性相统一，人文性就决定了语文在培养学生思想道德和陶冶情操方面有着义不容辞的责任。语文课程不仅要教会学生最基本的语文知识，还要培养学生高尚的道德品质，以及启发学生发现美、欣赏美等思维，在这样方向的教学中，都是课程思政元素在语文课堂中应用的体现。语文教师作为语文教学的引导人，一定要有过硬的政治素养和崇高的思想道德品质，只有思想政治素质过硬，才能真正地投入教育事业，为教育事业奋斗终生，做一名热爱学生、甘于奉献并且可以为学生带来正能量的优秀人民教师。教师要提升自身的政治素养，以自身高尚的“师德师风”来感染学生的内心，真正做到“教书育人”。

一、语文课程的全方位“思政元素”运用

在进行“思政元素”提炼的时候可以根据模块进行提炼，语文教材按照单元主题分类，每个单元都有自己的主题，这个主题就是课程思政元素最宏观的分类。一方面，在制定教学目标的时候应当根据每个单元所体现的“思政元素”来制定更加细致的每个单元的教学目标，从而更有针对性地对“思政元素”进行挖掘，语文教材这样的编写特点为语文“课程思政”内容的梳理提供了便利。另一方面，语文教材虽然选编了很多现当代的经典名篇，但是在如此多的名家名篇中只不过是沧海一粟，这些名家名篇对教师来说可能不算久远，但是对于现在的青少年学生来说已经是年代久远，他们的生活经历和生活环境跟文章的作者大不相同，同时学生很难理解当时作者写作的背景，会对文章提不起兴趣。因此，虽然重点在讲述语文课题“课程思政”的“思政元素”应用，但是我们必须明确课

堂外有许多的“思政元素”也要充分利用，以实现全面的语文课程“课程思政”教育。

第一，生活中的“思政元素”，以小见大，即时教育。行动养成习惯，习惯形成性格，性格决定命运。思想品德的塑造是一项长期的重要工程，正所谓“九层之台，起于垒土，合抱之木，生于毫末”“不积跬步，无以至千里，不积小流，无以成江海”。良好的品格一定是在日常生活中逐渐形成的，是从点滴积累、从小事开始的。作为一名教师，要善于观察、勤于思考，要有见微知著的能力。千里之堤毁于蚁穴，日常生活中发现学生不良行为要防微杜渐，及时指出，开展即时教育，使其认识错误，规范其行为，把不良行为扼杀在摇篮中。教学与日常生活就更容易形成良性循环，课程思政教学的效果就更显著。

在职业、技工院校有这样一个很好的例子：技校毕业生洪家光，吃苦耐劳、志存高远，最后成为大国工匠，实现技能报国。前段时间，我看到这样一个报道：洪家光，一个出生在贫寒的农民家庭的青年，也是一个普通的技校毕业的学生，在他 29 岁的时候成为一名航空高级技师，在 39 岁的时候打破了国外的垄断，在金刚石滚轮加工技术领域取得了具有代表性的突破。他加工出来的产品误差仅为 0.003 毫米，也正是凭借这种过硬的本领和工匠精神，他被赋予了“大国工匠”的光荣称号，并且获得了国家政府 800 万元的奖励。他这项技术突破至少为国家节省了 9000 多万元的外汇支出，同时，他还积极参与了很多研发项目，取得了多项专利技术。洪家光学历不高，没有背景，但他没有妄自菲薄，而是有着更高远的人生追求。他在普通技校学习车床磨床的四年时间，每天往返家校要四个小时，他就充分利用这时间，自学了课外四本技术类书籍，只要一有时间就会对加工技术进行认真的揣摩，同时帮老师傅完成一些打杂工作，仅仅利用了两年的时间就整理总结出了十多万字的技术心得。这一切的成绩，是他经历过无数次的失败，是他住到厂里每天工作 14 个小时的吃苦精神，是他保持终身学习的态度，是他对技术孜孜不倦追求的成果。像这样生活中的身边的例子，就可以作为“思政元素”运用到思政教育中开展即时教育。

第二，名篇文选中的“思政元素”，感受经典，树立榜样。中华民族的优秀传统文化历经了五千多年的发展历程，有其独特的价值体系。这些传统文化深深地植根在广大中国民众的心中，已经成为影响人们思想、价值观和行为方式的关键要素。随着社会的不断发展，我们高度弘扬社会主义核心价值观，从中汲取营养，获得启示。中华民族的优秀文化、古代的知识精华应该为我们当代人所用，落实到实践当中，应该在课本教材中有所体现。传统典籍当中的一词一句都有具体的情境，所蕴含的思想、情感及价值判断都能让学生受到一定的熏陶和感染。

例如，孟子《许行》：“人之有道也，饱食、暖衣、逸居而无教，则近于禽兽。”结合《许行》当中，关于上古时期广大劳动人民和大自然的艰苦斗争，可以让学生深刻感受到当前接受教育的机会是如何珍贵；结合古文《尚书》中“皇天无亲，惟德是辅”“黍稷非馨，明德惟馨”的论断，针对《左传·宫之奇谏假道》中虞国国君“吾享祀豐洁，神必据我”的不当的看法，最终导致晋朝灭亡的历史，也能够让学生深深地感受到在一个国家发展过程当中，道德价值作用何其之大。无论是历史还是现实，都深刻地说明了这样一个道理：

国家要想不断壮大，民族要想不断进步，提升整个社会的思想道德水平是必经之路。社会成员都应该提升自己的道德修养。那些忽视党的纲领和国家政策、过度关注自己利益的人，甚至腐败堕落的人，最终都逃不过法律的严重惩罚。

又如，在职业、技工院校“课程思政”中，邓小平同志曾是具有“工匠精神”的出色技工，这也可以作为一个“思政元素”对技工院校学生进行榜样教育。作为我们技工院校的学生，学习技能就是要践行精雕细琢、精益求精的工匠精神，要不断雕琢技能，不断提升技艺。中国改革开放和现代化建设的总设计师邓小平，既是一名政治家，还是一名具有“工匠精神”的技工。邓小平在 21 岁的时候，就在法国巴黎雷诺汽车厂做钳工学徒。1969 年的时候，邓小平到江西拖拉机汽车修配厂工作，由于他手法非常娴熟，一旁工友们对此大为惊叹，他们都说，邓小平的技术“起码够个四级钳工”。邓小平工作时非常认真、专注，一心埋头干活，经常忘了休息，每锉一个螺丝钉就出一身汗，几次下来衣衫就被汗水浸透。这才是我们应该学习的精神，是我们应该崇拜的偶像。

第三，教材中的“思政元素”，依据学情，归纳演绎。“才者，德之资也；德者，才之帅也”，德是做人的根本，正所谓先成人再成才。课程思政是德育工作非常重要的阵地，其建设事关祖国前途命运，其地位毋庸置疑应在知识目标和能力目标之上。在必要的情况下，教授知识要让位于育人工作，让位于学生人格的塑造。大学语文“课程思政”的教学应引导学生进行文本细读，深挖教材。在文学作品的解读过程中剖析教材，挖掘思政元素，找准其切入点，实施思政教育。通过阅读与理解，把文学作品涉及的历史背景同作品所蕴含的历史价值和当代价值进行重构，适度阐发让思政元素如春风化雨，育人于无形之中。引导学生触类旁通，合理联想，多维度解读，让思政元素与知识目标情感目标打通串联，使思政元素活起来，让学生的心灵眼界动起来，让文学作品焕发出时代的魅力和光芒；让思政元素像行云流水般自然流畅地参与课堂教学，融入学生的心中，让学生在潜移默化中进行思想洗礼，完成品格塑造。

第四，课堂上的“课程思政”与时俱进，提升学习兴趣。课堂中运用多种教学方式可以提高学生的学习兴趣，同时也可以用诸如演示法、情景教学法、案例教学法、读书指导法等学生喜闻乐见的方式，使学生更深入地理解“思政元素”。

例如，在课堂上可以用时文阅读的方式提高学生的学习兴趣，使课堂更加贴近学生的生活。时文阅读本身就有正确的价值取向和积极的“三观”，这个阶段的学生正是塑造“三观”的关键时期。因此，时文阅读对于初中阶段的学生有着重要的作用。学生通过阅读时文可以了解国内外大事，把握时代的脉搏，在提升学生知识和人文素养的同时还能对自身的价值取向和思想进行提升，对学生的人生观价值观世界观都有积极的影响。时文与学生的生活联系较为紧密，能够激发学生的阅读兴趣、开阔学生的眼界。例如，教师可以通过网络媒体为学生搜索人民网、光明网、中青网等时评栏目，这些媒体推出的文章都文质优美，很适合学生阅读。这些媒体对于价值观导向正确，传递了正能量，弘扬了主旋律，读了之后会引导学生唤起正确的政治觉悟，有较高的思想道德境界，对学生的价值取向有引领示范作用。借助时文阅读学习，可以让课程思政的理念被自然而然地推送到学生的嘴上、脑中，将传统文化要义和现代化的价值理念高度融合，这样就能够使“课程思政”与时俱进，提升学习兴趣。

二、“思政元素”的实践运用——以课文鲁迅《药》为例

下面，以语文课中《药》为例，按照挖掘选择、提取消化、结合融入、运用实施、评价反思等几个步骤，对“思政元素”的实践运用进行深度的分析。

（一）挖掘选择

“思政要素”是大学生思想政治教育理论课程体系、“课程思政”实践教学体系的依托。而挖掘选择的思政元素在实践运用中的第一个环节，也是至关重要的。“思政要素”内容如何挖掘选择，在前面章节中我们讲到了要遵从以下原则。其一，“满足学生心理需要”，即全面了解大学生的需要状况及特点，掌握影响大学生动机和行为的需要变化规律，探索满足大学生合理需要。其二，“根据学生身心发展特点”，即要关注教育者的心理发展水平特别是认知需要，既要注意教育内容的可接受性，消除他们对教育内容的抵触甚至反感，更要增加教育内容的挑战性，通过教育促进大学生心理特别是认知的发展和思想道德发展水平的提高。其三，“根据学生思想品德发展规律”，即遵从学生思想品德的形成和发展是内化与外化的辩证统一的规律；遵从学生思想品德的形成和发展离不开社会实践的规律；遵从学生思想品德的形成和发展离不开知情意行相互的作用的规律。

本节“思政元素”运用的实践案例是以Z市J学院这所市属公立学校的一次语文课“课程思政”教学为例子。该学校有初中起点

和高中起点的学生，通过“3+2”五年一贯制分段学习，培养等同于大专的学生，并探讨培养本科的高技能技术人才。学校整体校风学风优良，学习氛围浓郁，关注每位学生的发展。由于该校是技工院校，虽然培养层次比较高，但是技术类学校学生的基础课程底子比较薄。学校重技术轻文化的氛围还是存在，学生对于思政课程不是很重视，也颇有抵触情绪，语文课开展“课程思政”也有一定的难度。“课程思政”实施的有效性还是要充分了解到学生的基本情况，遵从学生思想品德形成的基本发展规律，根据学生的身心发展特点，满足学生对课堂趣味性的需要，本文选择了《药》这一课开展“思政元素”运用实践教学。

（二）提取消化

在选择了《药》这一课后，教师通过聚焦内容，吃透教材。故事发生于辛亥革命时期。辛亥革命的最终目标是要推翻清朝的封建统治，它的作用是相当巨大的，它在政治上和思想上给人们带来了全面的解放。辛亥革命也成了近代民族民主革命的开端，它成功地推翻了几千年的封建统治，让中国社会实现了彻底的变革。《药》通过茶馆主人华老栓夫妇为儿子小栓买人血馒头治病的故事，突出受封建思想迫害的人民的愚昧和麻木，揭露了封建统治阶级镇压革命并愚弄广大人民的罪行，同时也对夏瑜英勇不屈革命精神赞颂和弘扬。遗憾的是，辛亥革命并没有完全地贴近群众，因此，它还是具有十分明显的局限性。整个小说当中选择了茶馆作为背景，想必作者鲁迅也是经过认真细致的设计和思考的。茶馆是不同阶层民众聚集的主要场所，它反着映整个社会的风貌。

该“思政元素”可以升华为对学生价值观、人生观教育，体现爱国主义、党史教育，弘扬艰苦奋斗、珍惜当下幸福生活的精神等。我们就以课程思政育人目标为引导，结合《药》的历史背景和知识点、重点、难点等问题，进行思政元素的提取消化。

（三）结合融入

思政元素挖掘提取的核心目标就是要将思政的内容和课程的内容相互整合。“思政元素”融入的方法有很多种，该“思政元素”采用“知识点直接融入”方式展开来分析。因为课文故事即是非常生动、深刻的红色经典故事。只需要将故事讲透，把感情深化得够深刻，再加入一些拓展材料，比如“辛亥革命”的电影视频观看，辛亥革命其他故事的讲授，诗歌朗诵、角色扮演等教学手段的充分运用，把感情极度渲染升华。在《药》这个故事中，“思政元素”得到了全面的升华，这不仅实现了锦上添花的效果，同时又没有喧宾夺主。

必须提出的是，“知识点融入”的故事直接升华要时刻围绕《药》这篇课文的教学目标，其设定的核心教学目标在于：让学生充分了解封建社会欺压民众和愚弄民众的本质，理解小说以“药”为题的深刻含义，以及以“药”作为全文线索的作用；学习综合运用多种描写方法来塑造人物形象从而深刻揭示小说主题的写作方法；理清文章情节脉络，学习文中场景式的结构特色；掌握小说三要素的内容及作用。总之，在完成课程目标的同时，又达到“课程思政”的效果，将“思政元素”天衣无缝地融入课堂教学当中，将《药》上出思政味，但又不喧宾夺主，不是直接上成思政课，这就是我们所要达到的“思想政治教育”效果。

（四）运用实施

“思政元素”应用过程中，要重视教师编写教案的科学性、实用性、教师设计的多媒体课件质量、教学中师生双边互动有效性、课堂讨论有效性、教学重点、难点、热点问题处理有效性、培养学生分析问题能力有效性等。

该堂语文课的“课程思政”实施过程中，“思政元素”运用方式方法比较灵活。根据技工院校学生的特点，太枯燥、太理论性的内容不容易提起学生学习兴趣，采用课前热身、播放视频、问题触发思考、分组完成目标、任务导向法等不同的教学方法，才能充分发挥学生的学习主体作用，激发学生内在的学习动力，使其充分掌握专业理论知识并对其进行价值引领。同时，课堂还可以以点带面，合情合理，讲好相关的中国故事，引导学生触类旁通，合理联想，多维度解读，让思政元素与知识目标情感目标打通串联，使思政元素活起来，让孩子们的心灵眼界动起来，让《药》这部文学巨作焕发出时代的魅力和光芒，让思政元素像行云流水般自然流畅地参与课堂教学，融入孩子们的心中，让孩子们在潜移默化中进行思想洗礼，完成品格塑造。

下面，我们看看《药》的教案。

某市技师学院文化理论课程教案

编号：JWC-JL-01-14　　　　　　　　　　　　　　　　　版号：F/0

第12周　　　星期四　　　第3、4节　　　2021年5月20日

<table>
<tr><td colspan="2">课　题
（章节）</td><td colspan="3">《药》</td></tr>
<tr><td colspan="2">教学方法及手段</td><td colspan="3">讲授、合作学习</td></tr>
<tr><td colspan="2">教　学
目　的</td><td colspan="3">1. 认识封建统治阶级镇压革命和愚弄人民的反动本质；理解小说以“药”为题的深刻含义以及对连接线索的作用。
2. 学习综合运用多种描写方法来塑造人物形象从而深刻揭示小说主题的写作方法。
3. 理清文章情节脉络，学习本文场景式的结构特色；掌握小说三要素的内容及作用。</td></tr>
<tr><td rowspan="3">教学
内容
分析</td><td>重点</td><td colspan="3">1. 理清文章情节脉络，学习本文场景式的结构特色；掌握小说三要素中情节和人物的作用。
2. 学习综合运用多种描写方法来塑造人物形象从而深刻揭示小说主题的写作方法。</td></tr>
<tr><td>难点</td><td colspan="3">根据小说情节的设计和人物形象的刻画辅助理解文章的主题。</td></tr>
<tr><td>教具</td><td>多媒体</td><td>课　时</td><td>2（共4课时）</td></tr>
</table>

教学环节及时间分配（不局限以下环节）	教学内容	师生活动及设计意图
组织教学（5分钟）	课前热身5分钟：超级展示	做好课前氛围导入、培养学生的表达能力和演讲水平

（续上表）

教学环节及时间分配（不局限以下环节）	教学内容	师生活动及设计意图
复习及导入新课 （10 分钟）	1. 教具展示，引出话题一：病——什么是最可怕的病？学生畅所欲言。 2. 教具展示，引出话题二：药——一个药字引发的联想！学生畅所欲言。 3. 教师总结：不论新冠如此的身体疾病、抑或抑郁症此类的心理精神疾病，病了就需要有一方对症良药，需要一个能够切中病害的好医生。 今天我们就一同来认识一位可以疗救民族病痛的好医生，听他讲讲“药”的故事。 请大家把书翻到课本 151 页。	教师抛出问题 学生思考、开放式回答： 1. 什么病是最可怕的病？为什么？ 2. 由药可以联想到什么？四字成语或者惊人故事、分享； 设计意图：引出课题。
新课讲授 （70 分钟）	1. 走进作者 观看视频——补充介绍（趣味 + 强调） 鲁迅（1881 年 9 月—1936 年 10 月），原名周樟寿，后改名周树人，字豫山，后改字豫才，浙江绍兴人。著名文学家、思想家、革命家、教育家、民主战士，新文化运动的重要参与者，中国现代文学的奠基人之一。在文学创作、文学批评、思想研究、文学史研究、翻译、美术理论引进、基础科学介绍和古籍校勘与研究等多个领域具有重大贡献。他对五四运动以后的中国社会思想文化发展具有重大影响。被誉为“二十世纪东亚文化地图上占最大领土的作家”。 今年是鲁迅诞辰 142 周年，推荐书目《鲁迅家书》。 2. 检查预习 （xī）（sū）（bié）（jué）（jiǎ）（ǎo） 窸窸窣窣　蹩进　攫取　肩胛　拗开 （yǔ）（liàng）（qiàng）（zhǒng）（lán）（lǚ） 瘐毙　踉踉跄跄　丛冢　褴褛 （zhèng）（dìng）（sǒng） 发怔　纸锭　竦然 3. 了解背景 自主探究：快速阅读全文，找出原文中体现时代背景或社会背景的语言。 思考：故事发生在一个怎样的典型环境下？ 观看视频——教师补充介绍辛亥革命。	1. 教师抛出问题 学生：说说你认识的鲁迅，回忆曾经学过的课文。 设计意图：了解鲁迅其人，温故知新。 2. 学生展示完成预习作业 设计意图：解决生字词字音字义。 3. 教师引导学生探究阅读（快速阅读） 学生：筛选文中信息，总结表达。 教师汇总 设计意图：深入了解故事发生的时代背景，为下阶段解读情节等做铺垫。

（续上表）

教学环节及时间分配（不局限以下环节）	教学内容	师生活动及设计意图
新课讲授（70 分钟）	辛亥革命是指发生于中国农历辛亥年（清宣统三年），旨在推翻清朝专制帝制、建立共和政体的全国性革命。 在政治上、思想上给中国人民带来了不可低估的解放作用。开创了完全意义上的近代民族民主革命，推翻了统治中国几千年的君主专制制度，建立起共和政体，传播了民主共和理念，以巨大的震撼力和影响力推动了中国社会变革。 4. 解题 思考：回看题目，题目中的“药”指什么？用来治什么病？预计效果怎样？实际效果怎样？为什么要用“药”做题目？ 5. 细读文章：合作探究、成果分享（分为四个小组） （1）走进故事情节：看小节、析思路 任务一：学生根据课文内容给每一部分（小节）拟标题。 任务二：小组展示情节（可用课本剧、可用分角色朗读、可用复述小节内容进行展示）——一字概括感受。 任务三：按照小说故事的发展顺序对号入座。 教师补充：《药》有明暗两条线索，明线是华家故事，暗线是夏家故事。 · 双线连接、交织的事物是“药”，即“人血馒头”。 · 双线连接、交织的人物是刽子手“康大叔”。 （2）解读人物：找人物、挖性格 任务一：原文勾画出体现人物性格的语句，说说负责小节中人物的性格特点。 任务二：选择小组认为最有特点的人物，用画笔展示并分享。 小组相互评价、共同探究：全文所有的人物可以分为几类？ 教师总结分析小说人物性格和形象的方法： 找相关语句描写，正面和侧面。 从描写看个性特征。 人生经历，身份定位，思想认识。 作者态度或评价，人物的社会意义。	4. 教师抛出问题 学生：快速回答课前初读全文对题目的直观理解。 设计意图：引出学生对文章主题的探究兴趣。 5. 学生分组完成对应小组任务并分享探究成果 （1）学生完成情节探究任务，通过朗读、表演、概括总结等方式展示，理清文章结构。 教师总结深化小说的情节与线索，明确情节是小说三要素的第一要素。 设计意图：理清文章结构和线索，锻炼学生合作探究、表演、朗读和概括的多种能力。 （2）学生完成人物探究任务，通过原文中查找勾画细节描写、分析概括人物性格。 设计意图：分析人物性格、学习细节描写刻画人物形象的写作方法。

（续上表）

教学环节及时间分配（不局限以下环节）	教学内容	师生活动及设计意图
新课讲授（70 分钟）	（3）感受环境：找语句、析作用 任务一：原文勾画出描写自然环境和社会环境的语句或语段（有感情朗读）。 任务二：共同思考为什么要特别描写环境？ 教师总结环境描写的作用（共性）： 为人物活动提供场景；烘托（或对照）人物形象、心情；暗示事态发展，埋伏笔（做铺垫），推动故事情节；渲染气氛，升华主题，象征意味，预示前景。 再次强调小说三要素：情节、人物、环境。	（3）学生完成环境探究任务，通过原文中查找勾画自然和社会环境描写、分析体会环境描写在小说创作中的作用。 设计意图：分析文中环境描写、掌握小说环境描写的作用。
教学练习（7 分钟）	探究思考：“乌鸦”的出现是偶然还是必然？为什么？试从情节设置、形象刻画和环境描写三方面分析其存在的价值。	教师：提问和引导 学生：思考和展示 设计意图：学以致用，用小说三要素的分析方法分析文中“乌鸦”的特殊意义。
教学小结（3 分钟）	《药》是鲁迅先生杰出的短篇小说作品，全课设计 4 课时，本 2 节重点学习小说创作中的“三要素”——情节梳理、人物形象分析和环境描写，掌握其探究、分析和概括的能力，为后 2 节对小说主题的探究和学习做好铺垫。	
作业布置	1. 以小组为单位扩写小部分、创造性排演课本剧。 2. 思考：鲁迅先生为什么要创作此篇小说？现实意义何在？	

（五）评价反思

所谓的评价反思指的是在学习任务全部完成之后，对学生的学习效果开展的客观评价活动，并进行复盘和反思，总结出“思政元素”实施过程的不足及提出改进的方法。很多教师在实践中将结果评价简单化，认为期末考试的分数就是结果评价。其实，对于《药》这一课的“课程思政”实施或是“思政元素”实践运用，我们要通过以下几个维度来考量其效果：大学生具有理想信念并落实在行为中，大学生认同社会主义和共产主义，大学生具有耐力、韧性和意志力、百折不挠，大学生具有服务祖国等。

1．本节“课程思政”实施优点：

《药》是一篇小说，在开始进行学习课文之前，首先回顾了小说的相关知识，使学生温故而知新，注意了新旧知识的牵引联系。课堂当中真实的讲授也应该由易到难、循序渐进，要全面发挥学生的主观能动性，在师生共同讨论的基础之上实现教学目标，与此同时，还要进行一些关键素材的补充和完善，加深学生对课文的理解与把握，并在“思政元素”融合上做到盐溶于水的效果，做到不生硬，体现自然情感流露。

在教学方法方面，能够采用多种形式，并行之有效的教学方法。主要采用分组讨论法、线索追踪法、图示教学法、问题触发思考、任务导向法等教学方法，满足学生的好奇心和求知欲，也为学生营造自主学习和合作探究学习的良好环境，这样既充分调动了学生学习的积极性，又培养了学生的观察、分析的思维能力和创新意识。

在教学过程方面，要在环境描写上下一定的功夫，在小说的描述当中，环境描写扮演着十分重要的作用。环境可以烘托人物的基本性格，可以为故事情节的发展创造机会，让作者的情感表达更为清晰。小说当中的人物真实性、情节的科学性都具有十分重要的意义，我们要善于利用这些环境描写，将这些环境作为理解小说的关键。要升华“思政元素”的育人效果，就要激发学生的情感，爱国热情，就一定要通过场景渲染，细致的环境描写，促使学生深刻地认识到封建社会人们的愚昧和麻木，封建社会人民被愚弄、不被当人的本质，颂扬革命烈士英勇不屈的革命精神。

2．本节“课程思政”实施的不足之处

没有完全考虑到学生的实际情况，在进行中心思想概括这一环节的时候，显示出学生概括复述方面的薄弱，若是事先布置预习作业，让学生先去搜索“辛亥革命”及《药》有关的时代背景故事，先做阅读，可能在课堂讲授时，学生更准确地进行概括，会更快地进入课文场景。学生产生情感上的共鸣，这样更有利于“思政元素”的升华、“课程思政”的推进。

对于课文时代价值“二次升华”的展开方面不够。《药》中的一群“看客”并未随着时代的发展而消失。现在跳楼事件发生时，现场的民众也有看客心态，“怎么还不跳呀，我的腿站麻了！”“快点跳呀，我还有事儿呢！”类似的话不绝于耳。这反映了人性的冷漠。那么，课文“课程思政”的推进，还应该延续让学生讨论或写下现代的故事，拓展“思政元素”的时代素材，让我们的“课程思政”教育更具时代价值和深刻，这也可以称之为“二次升华”。

第八章

大湾区思政元素资源库建设

第一节　地域文化思政元素的重要性

“地域文化”是指某一特定地域的人类群体，在长期生产生活以及社会历史的演进中，所逐渐形成的物质财富以及精神财富的统称。其中，历史遗迹和地方传说、民居建筑、地方语言等都是十分典型的地域显性文化。而以思维方式和社会风俗等为代表的，则归入隐性文化的范畴当中。在中华民族的传统文化当中，地域文化是不可或缺的一个重要组成部分。其所发挥的思想政治教育作用和价值是相当突出的。

一、地域文化融入高校思想政治教育现状

（一）地域特色文化资源的融合运用不够

通过调查分析可以看出：目前很多高校的教师和学生逐渐意识到地域文化与思政课程融合的积极意义。有些高校也开展了主题丰富和形式多元的地域文化教学活动。然而，从纵观的层面上来看，地域文化挖掘的深度还有待提升。

第一，融合程度及认识深度不够。大多数学生对于地域文化的

认识只停留在表层，只是对局部内容的了解，缺乏系统性和全面性。由此不难看出，将地域文化内容全面渗透到高校思想政治课程当中，具有十分广阔的发展空间。目前思想政治教育存在方式过度单一、内容过度局限等短板，我们正可以通过地域文化的融入，有效扩展其内容，增加其亲和力，开展更有趣味性的实践教学。

第二，地域文化的运用不足。就当前的现状来看，在高校思政教育活动当中，地域文化引入的总量还处于比较薄弱的状态。具体表现在如下几个层面：对于地域文化深度的挖掘有待提升、资源利用的质量和效率明显偏低、教师和学生的关注程度远远不足、外界支持的良好氛围没有形成、理论研究还相对欠缺。其中，前两个问题的表现最为突出。举例来说，在资源的使用率上来看，我国很多高校的文化教育内容都表现出了同质性的特点，全国性的新闻及社会热点等是极为关键的教育来源，缺乏个性化和创新化，导致不同高校之间的资源同质性很强，实效性很低。很多师生已经意识到了高校思想政治教育领域引入和地域文化的必要性。学生也对本地区的区域文化充满兴趣。这是全面传承中华民族优秀传统文化的一个典型做法，这也是实现文化自信不可或缺的一个关键路径，更是改变以往思政课程“面目可憎”的局面的有效做法。

（二）师生对地域文化缺乏深入了解

将地域文化内容引入思想政治教育中，与教学质量和教学效果之间存在正相关的关联性。但就当前的现状来看，两者的融合仍然存在很大的发展空间。造成这样一个局面的关键原因是教师和学生的认知理解不够全面。其一，师生对于地域文化探索和挖掘的能力比较差，这就导致学习活动仍旧是形式主义。国家统一教材更多的是全国层面的内容，而地域文化在教材中涉猎不多，挖掘地域文化需要专业知识和专业人员的支持，相关内容拓展延伸的广度和深度有待强化。其二，文化自身表现出来非常明细的多元属性，而这一个属性会在点点滴滴的实践中有所呈现。要想清晰精准地了解一种文化就应该密切地观察，沉下去研究，与此同时还要具有科学的研究精神和“坐得了冷板凳”的毅力。然而真正能够做到潜下心来细致研究的教师和学生数量寥寥无几。一知半解也变成了常态。这样的做法想要取得预期的良好教学目标是很难的。

（三）缺乏必要的思想政治教学环境支持

每一种教育活动的推动实施，都少不了外界环境的支持和氛围营造。高校思政教育要取得良好的效果，也应该具有活泼和谐的教育氛围。但是，很多高校并没有充分形成地域文化和思政教育相互融合的良好环境。教师和学生也只有偶尔在课堂上浅层次地接触到这些文化元素，相关活动的组织开展比较少，也没有有效的宣传和引导。环境不够优良，就会局限住教学成效。与此同时，地域文化和思政融合所表现出来的隐性教育特征比较明显，在日常的点滴积累当中不断地拓展发散。如果没有良好的外界环境影响，只会取得较为微弱的效果。除此之外，家庭和社会的支持也是教学环境不可或缺的条件。然而，家庭对于高校思政教育的关注程度和支持程度远远不足。社会给予的支持则是从校园整体建设的维度上出发，专门针对某一个课程的考量与支持还比较薄弱。

（四）高校思想政治教育机制建设严重不足

目前高校思政课程和地域文化融合发展效果不理想，最关键的一个原因就是缺乏长效性的体质机制。有一些高校在教育机制的优化方面开展了一些探索，但是通常都是基于宏观维度上出发的。比如，高校教育教学评价机制、管理与运行机制等，但鲜有从较为具体的课程建设出发，使得思政与地域文化融合发展难有可以依托的机制保障。除此之外，教学体制机制的研究在传统文化领域的广度和深度都不足，通常只是停留在概念、特征等最基础的宏观理论研究阶段，步伐有待加快。

二、地域文化对于思想政治教育的重要性

地域文化对于某一个区域内民众的思想观念以及价值取向都会产生深刻的影响。学校是建立在某一个地域范围内，当地文化的浸润作用也是非常明显的。尤其是我国的一些地方性高校，地域化属性表现得更为突出。地域文化俨然已经成为高校思想政治教育不可或缺的一个沃土和源头活水。高校思想政治教育的育人过程，实际上也是对地域文化进行广泛传播和不断传承的过程，并在过程中不断产生新的文化内涵。

（一）挖掘地域文化，可以让思想政治教育活动拥有精神之源

我国地域广阔，生活在不同地区的民众有着不同的语言习惯、不同的生活方式、不同的宗教信仰。这也是我国文化多元化发展的主要原因。在中华文化体系中，地域文化是最关键的一个组成因素。在某一个地域当中，地域文化对他们的行为规范、思维方式有着潜移默化的教化作用，发挥着价值观形成、精神家园构建和民族凝聚力强化等重要功能，是中华民族团结奋进的精神财富。在高校思想政治教育活动发展过程中，应该积极地挖掘地域文化这一个宝库的优势资源。

（二）融入地域文化，可以让思想政治教育活动的素材更鲜活、更丰富

地域文化中拥有着丰富多彩的教学案例，这些案例往往都是和高校大学生的日常生活比较贴近的，往往具有天然的亲和力。将这些内容和思想政治教育内容高度整合，不仅能够让学生认可程度和接受程度节节攀升，与此同时，还可以唤起广大民众的共情。这也是全面提升高校思想政治教育活动感染力和影响力的关键方式。对于高校的教师而言，应该从地域文化当中挖掘和筛选优质的思政元素，并将这些文化与传统文化融合起来，与现代社会高度协调，与课本知识高度结合。在思政教育活动教育者和接受者对地域文化实现内、外化转化的过程，地域文化已悄然产生新的文化要素，孕育了新的文化变革。

（三）宣传地域特色文化，让大学生的文化认同感得到根本性的提升

经济全球化已是事实，多元化的时代已经悄然而至，这让物质可以实现跨时空和跨时间的交流传输。外来思想让人们的精神更开阔，但与此同时也对本土文化产生了比较明显的冲击。中西文化融合会直接影响到社会主义核心价值观在广大大学生群体中的培育和践行，而且也直接关系着中国梦的实现效果。高校思想政治教育活动实际上也是在为社会培养合格的建设者和接班人。因此，要积极的弘扬优秀传统文化，将地域文化和思政教育内容相互融合是全面提升学生文化认同感的关键举措之一。地域文化有着十分显著的地域属性和地域色彩，蕴含着丰富的本区域精神元素和精神内核。这也是高校思政课程必须全面挖掘和全面拓展的优质的教学资源之一。

三、建设“思政元素”资源库的必要性

基于思想政治教育存在的诸多问题，我们在这个章节主要给出：开展网络思想政治教育以提升思想政治教育的实效性；充实具有地域特色的“思政元素”，提升思想政治教育实效性；建设“思政元素”资源库以推进“课程思政”及提升思想政治教育的实效性。网络思想政治教育也是符合我们“课程思政”的要求，是课堂思想政治教育的拓展，也是落实“三全育人”即全员、全方位、全过程育人的要求所在。

俗话说：巧妇难为无米之炊。开展网络思想政治教育，梳理地域特色文化，实施“课程思政”，需要大量的“思政元素”，这就亟须我们建立“思政元素”资源库。资源库是以网络学习平台为依托，以形式多样的优质思政资源为主要内容，服务课程思政教学，满足学习者需求的共建共享的资源库。

（一）充分利用“资源库”有助于提升专业课的教学质量高

专业课教学改革在一定时间内一直面临教学质量提升困难的问题，这也成为建设教学资源库必须克服的重要难题。基于“课程思政”理念的教学资源库建设对提升专业教学质量有着非常重要的推动作用。一方面，有助于专业教学发展的可持续性。时代发展变迁要求专业随之进行变革发展，基于课程思政的专业发展能够从整体设计的高度把控专业课程教书与育人工作的平衡，为该专业的长远发展提供具有科学性的指导。另一方面，有助于课程教学资源的广泛共享。当前，教学资源库的建设不再是“足不出户”的，在互联网的支撑下，教学资源的流通更加顺畅，资源的有效利用率更高。特别是在课程

思政积极推行的当前，现有教学资源的建设和共享对专业教学改革的积极作用更是不容忽视。

当代是信息爆炸的时代，拥有“思政元素”资源库的加持，师生无须自己收集信息，也不用一一甄别筛选，可以直接将资源库里的内容为我所用，让他们的人文素养和地域文化素养得到根本性的提升。在提升广大师生的政治自信、文化自信的同时，还可增强学校的核心竞争力和文化软实力，构建学校特色思政教育教学体系，为立德树人终极目标的实现搭建坚实的平台。

（二）“资源库”提高教师课程思政水平

课程思政资源库建设可有效补充和拓展现有课程教学内容，以丰富的课程思政资源支撑教学内容，辅助教师高效利用思政资源，解决目前思政素材与教学内容“两张皮”的问题，促进课程育人目标的有效实现。部分专业教师在课堂教学，忽视对本土优秀传统文化的弘扬及对大学生进行思想意识引领的重要育人任务。“课程思政”理念下专业课教师迫切需要教学资源库给予支持，以便更好地在专业课程中实施“课程思政”。一方面，培育新时代教师。“课程思政”理念对教学资源库建设的引领作用能够潜移默化地帮助教师树立起思政育人意识，让他们在教学实践过程中逐渐改变过去的错误做法，重新确立教书与育人并重的教育思想，成长为新时代优秀教师。另一方面， 提升教师的课程思政教学水平和教学质量。教师在开展课程思政教学过程中面临的一大困难就是所参考的资源比较有限，成功案例不具备普适性。“课程思政”理念引导下的专业课程资源库建设为高等教育教学改革提供了可参照信息，对教师课程思政能力和课程教学质量的提升起到促进作用。

（三）“资源库”提升高职院校学生文化素养和思政水平

学生可以利用课程思政资源库开展自主学习，开展网络思想政治学习，快速获取学习资料。有助于满足专业学生的需求。目前，一些专业课教学存在教师教学与学生需求脱节、专业教学与立德树人脱节的问题，这也是制约专业转型发展的重要因素。“思政元素”教学资源库建设能够满足该专业学生发展的实际需求。一方面，可以提升学生的综合素养。社会发展进步对人才提出更高的要求，专业知识不再是衡量人才的唯一指标，具有综合素养的新时代复合型人才才是各企业争夺的对象。“思政元素”资源库的建设立足“大思政”格局，为高校立德树人根本任务的落实提供了保障，在强调学生专业素养培养的同时对他们的思政素养提出明确的要求。另一方面，要让不同层次学生的不同学习诉求得到满足。不同的学生在知识的获取和能力的获得方面有着明显的差异性需求，要贯彻落实“以生为本”的教学理念。再者，“课程思政”课堂教学需要“思政元素”资源库。课堂教学的“思政元素”重要性和“思政元素”的运用在第五章已经通过课程思政的调研进行分析，并清晰地给出“思政元素”运用的各步骤的运用方式方法，分别是挖掘选择、提取消化、结合融入、运用实施、结果评价等步骤。本书也在第七章用实践的案例分析了“思政元素”在语文课《药》中的运用。这些都表明课堂教学对于建立“思政元素”资源库的需要是毋庸置疑的。

第二节　特色“思政元素”：工匠精神

本部分内容是以涵养学生工匠精神这个重要的“思政元素”为

切入点，探索课程思政参与到地区经济高质量崛起的实践路径。涵养工匠精神，有助于提升产品附加值和企业竞争力，推动本土产品与品牌崛起；有利于改善企业在价值链的生态位，让优质企业在激烈竞争中脱颖而出；有助于推动创新，更充分地释放创新这一第一动力，为高质量崛起提供强大的精神动能。涵养工匠精神是实现高质量崛起的迫切需要。课程思政对于涵养工匠精神具有重要价值。一方面，涵养工匠精神是课程思政的重要内容；另一方面，课程思政拓展了工匠精神涵养的课堂场景，也有利于改善工匠精神涵养的质量和效果。本章节还提出拓展课程思政涵养工匠精神的途径与场景：渗透到课程体系与教学设计之中，融入个性化教学方法之中，体现在教师的言传身教之中，嵌入校园文化环境之中。

许多地区为了实现区域经济的高质量崛起，将重点放在了制造业的高质量发展，推动领军企业培育，重点培育百亿级龙头企业，优选扶持技术水平高、成长性好的“隐形冠军”“瞪羚企业”。而这些措施能否落地见效，还要看有没有一大批具备工匠精神的高素质应用型人才。这给职业院校、技工院校等职业教育学校提出了新的理论与实践命题：如何培养既有专业技能，又有工匠精神的技能型人才？事实上，培养工匠精神恰恰是职业、技工院校课程思政重要内容之一。就此而言，课程思政为思想政治教育工作，参与到中山市高质量崛起提供了实践途径。

一、实现高质量崛起迫切需要涵养工匠精神这一重要的“思政元素”

人才是第一资源，弘扬工匠精神，塑造高素质应用型人才，对于提升产品附加值，推动中山市的产业升级，实现高质量崛起，进而形成现代化产业体系具有重要意义。工匠精神是人类理性的本质呼唤，是产业转型升级、经济高质量崛起，社会发展和文明进步内在的精神力量。

（一）涵养工匠精神，有助于提升产品附加值和企业竞争力，推动本土产品与品牌崛起

有研究表明，在当前产能普遍过剩背景下，企业间的竞争主要方面并非成本与价格的竞争，品牌才是决定成败的核心竞争力。生产高附加值产品，打造一流的品牌，离不开技术及工匠技能的内化和变现到产品之中。但技术与工匠技能并非万能，缺乏敬业奉献、勇于创新、传承文化、精益求精、追求卓越、崇尚品质的工匠精神，技术、技能内化到产品的比率将大打折扣。工匠精神是质量之魂，是“看不见的生产力”。涵养工匠精神，不仅关乎职业道德，它本身同时也是企业生产力、竞争力和综合实力重要的组成部分。一个地区的产业人才工匠精神的多寡优劣，往往决定了这个地区产业的整体水平和竞争力。

（二）涵养工匠精神，有利于改善企业在价值链的生态位，让优质企业在激烈竞争中脱颖而出

从一般经验规律看，凡占据价值链前端生态位的企业，多注重单一高质量产品的创新与拓展，最典型的就是“专精特新强”的产业隐形冠军。目前，中山仍有不少企业，处于价值链中低端，这里面有诸多因素。但工匠精神缺乏，难以提供技术、素质和精神力量的支撑也是重要原因之一。涵养精益求精、追求卓越的工匠精神将引领高端制造和现代服务业的发展，推动企业精致化生产、精细化

管理，助力产业迈向价值链的中高端。

（三）涵养工匠精神，有助于推动创新，更充分地释放创新这一第一动力，为高质量崛起提供强大的精神动能

勇于创新是工匠精神的题中之义。弘扬工匠精神，就是推崇创新精神。精益求精是工匠精神的精髓。精益求精的前提条件是能够创新性、创造性地解决生产、管理中遇到的问题。从中山市历届“十大工匠”获得者来看，大部分获此殊荣的都是某个领域进行实践创新的佼佼者，涵养工匠精神有利于进一步推动技术创新。

二、课程思政对于涵养工匠精神具有重要价值

自“课程思政”概念提出以来，“课程思政”“思政元素”等受到高度重视。这一理念强调把理想信念、职业道德、工匠精神、奉献社会等思想政治教育核心元素纳入专业课程体系中，进行价值引领与知识传授的融会贯通，实现立德树人根本任务，是一种润物无声的思想政治教育形式。目前，国内许多学校已陆续开展课程思政的教学改革。由于课程思政的理念非常新颖，目前尚未全面普及。尤为值得引起注意的是，长期以来，不少高职学校、技工院校等职业教育学校，对思想政治教育工作本身不够重视，更谈不上自觉地用课程思政这一载体涵养工匠精神。

（一）涵养工匠精神是课程思政的重要内容

职业教育学校同样必须解决好“培养什么人，怎样培养人，为谁培养人”这一根本问题；同样必须为党和国家培养担当民族复兴大任的时代新人，培养德智体美劳全面发展的社会主义建设者和接班人。实践中，高职、技工院校侧重职业性和技术性，尤为重视培

育学生的“工匠精神”等职业素养和职业道德。涵养工匠精神与职业学校的思想政治教育相融相通，是职业学校弘扬社会主义核心价值观的重点内容和形式。

（二）课程思政拓展了工匠精神涵养的课堂场景

一般而言，在职业教育中，工匠精神是思政课的重要内容之一。而专业课则主要传授专业理论知识及实操技能。这两者通常处于“两张皮”状态。工匠精神涵养的主要场景局限在思想政治课这一特定场景。引入课程思政理念之后，一旦教师有课程思政的自觉意识，几乎可以在任何专业课中嵌入工匠精神。这客观上拓展了工匠精神涵养的场景，打开了工匠精神涵养新的广阔空间，使思政课及专业课均可以将工匠精神融入课堂教学，实现同向同行、共同培育。

（三）课程思政有利于改善工匠精神涵养的质量和效果

工匠精神虽然体现在企业的生产和服务过程中，却孕育于职业教育。在职业教育中，无论是思政课，还是专业课均可涵养工匠精神。从实效性看，思政课偏重于理论灌输，学生学到的更多是“工匠精神”要求在工作中遵循的原则、理念等理论性知识。课程思政则直接融入专业课中，从专业实践角度身体力行、现身说法地体现工匠精神。这意味着，课程思政将原来作为理论知识的工匠精神，转变为实践操作，使工匠精神的涵养质量更高、效果更好。

三、拓展课程思政涵养工匠精神的途径与场景

一是渗透到课程体系与教学设计之中。合理设置促使课程思政及工匠精神有机融合的培育模式。可以选取相应的章节，在内容上深下功夫，挖掘工匠精神元素，采用多种教学方法，充分提炼、升

华，给学生留下深刻印象。比如，在相应的章节，讲好“工匠”故事。还可以通过“工匠进校园”的形式把企业的优秀工匠邀请到学校讲课，现身说法。用生活中的真人真事熏陶感化，提升教育的实效性。也可以录制各行各业的工匠楷模纪录片，作为讨论案例运用于课堂教学。新媒体时代，思政课教师还可以利用公众号及微信群等，建立思政教育网络信息平台，定期在平台上分享蕴含“工匠精神”的文章，通过渗透式培育，让工匠精神内化于心、外化于行，产生隐性课程的效果。

二是融入个性化教学方法之中。工匠精神与课程思政的融合，需要通过多样化的方式来实现。在教学方法上不能过于注重统一的教学手段，而忽视个性化的特点。不同的元素、不同的学生，要运用不同的方式方法，区别对待。线上、线下教学优缺点各异，可以取长补短。理论和实践教学又可以优势互补。此外，还可以采用“体验式”教学、角色扮演法、任务驱动法、成果导向法、竞赛训练法等方法。可以通过设计具体任务实操情境，塑造学生的工匠精神，而无须拘泥于某一个形式。只要实践证明行之有效的方式方法，都可以借鉴参考、用于实践。

三是体现在教师的言传身教之中。“打铁还须自身硬”，讲好工匠精神，教师在日常教学中也要自我践行工匠精神，提高自身修养及综合能力水平。在新媒体环境下，需要重点提出的就是提升教师的媒介素养。一方面，提高教师运用各种新媒体的能力；另一方面，要提升教师信息敏感性，关注时事热点，对有争议的敏感事件能够及时引导，牢牢把握话语权。教师特别是思政课教师，如果无法弥合学生“思想上的缺口”，或者对社会热门负面舆论不能及时有效引导，不但容易削弱教师的威信，还可能让舆论产生次生灾害。

四是嵌入校园文化环境之中。环境对人的成长具有深刻的影响及潜移默化的作用。要提炼和打造契合工匠精神的校园文化，例如，人的价值实现，追求卓越、精益求精、锲而不舍、吃苦耐劳等元素，都是人文精神和工匠精神的重要体现。可以开展蕴含工匠精神元素、丰富多彩的校园活动，也可以借助社团、学习文化角、文化墙宣传营造良好的工匠氛围。还可以利用广播、校报、公众号、微信平台等新旧媒体，将工匠精神深入学生思想认识当中等。总之，要进一步拓展课程思政涵养工匠精神的途径与场景，进一步提升工匠精神涵养的广泛性、便利性和实效性，使课程思政更好地参与到中山高质量崛起的实践中。

第三节　大湾区思政元素资源库的价值

一、大湾区文化的先进性

思想政治理论课程是落实立德树人根本任务的关键课程。思政课要汲取优秀传统文化、革命文化和社会主义先进文化的丰富资源。党的十八届三中全会把“完善中华优秀传统文化教育”作为“深化教育领域综合改革”的重要内容之一。教育部颁发的《完善中华优秀传统文化教育指导纲要》，明确要求“把中华优秀传统文化教育系统融入课程和教材体系，充分发挥中小学德育课和高校思想政治理论课的重要作用。促进思想政治教育与中华优秀传统文化教育的紧密结合……进一步丰富中小学德育课和高校思想政治理论课的教学内容，创新教学方法和手段，提升教学效果”。

广东省人力资源和社会保障厅印发的《广东省技工院校思想政治理论课建设工作方案》指出，要“结合技工教育特点积极开展省级特色选修思想政治课程建设，包括工匠精神、劳动教育、中华优秀传统文化（含岭南特色传统文化）、革命文化等选修课程或专题教学内容”。在推进粤港澳大湾区建设过程中，如何挖掘好、传播好和利用好湾区文化的软实力，结合技工院校的教育特点，创新性开展思想政治教育，为湾区建设贡献出技工教育力量具有重要意义。

中共中央国务院印发的《粤港澳大湾区发展规划纲要》指出“粤港澳大湾区是推动‘一国两制’事业发展的新实践”，“坚定文化自信，共同推进中华优秀传统文化传承发展，发挥粤港澳地域相近、文脉相亲的优势，联合开展跨界重大文化遗产保护”。粤港澳大湾区，从诞生起就蕴含着特殊的政治地位，肩负着中国进入新时代的伟大使命，其发展沉淀了深厚的文化底蕴，是传统岭南文化、沿海海洋文化、移民文化、改革创新文化、现代城市文化等多方面的融合发展。粤港澳大湾区文化具有较强的竞争力、凝聚力和感召力。将大湾区特色文化融入思政课程，进行教学资源开发，这是立德树人终极的任务目标，在教学活动中的体现：是引导学生深刻理解社会主义核心价值观，弘扬中华优秀传统文化、社会主义先进文化、革命文化，秉承先进精神的重要探索；是加强技工教育思政课建设，深化思政课改革创新的有益实践。

那么大湾区文化的核心内容有哪些呢？它的先进性体现在哪里呢？下面，我们来讲讲它的三个印记。

（一）历史印记

粤港澳大湾区是一个十分典型的命运共同体，与此同时，这也是中华民族共同体。区域认同以及国家认同都应该不断地强化。国家和区域认同离不开历史印记，历史印记是国家和区域认同的前提和基础。一个国家如果没有了印记，就像树没了根，水没了源头，国民对于其发展的历史便很难形成深刻的印象，便很难形成稳固的认同。历史的印记和每一个个体的自身经验都是高度相关的，但是历史的印记绝不仅是某一个个体记忆的简单叠加，而是对多个个体记忆的高度融合，是立足当下、对过去进行思考分析并进行集体性的构建的产物。通过对祖先足迹的追求，我们就会进一步明晰：我到底是谁？我是从哪里来的？我们的民族是如何发展的？我们的民族创造了什么样的辉煌历史？我们的民族在发展的过程中历经了什么样的苦难和创伤？这样一来就和远古的祖先建立起了一种文化心理上的相互关联。虽然没有见过面，但是心灵上也是相通的。粤港澳大湾区承载着中华民族的历史印记，拥有许许多多的历史文化、故事、古迹，需要世世代代铭刻于心。

（二）辉煌印记

在区域认同和国家认同建构发展的过程当中，出现了两种完全不同的历史印记。其中，一种是辉煌的历史印记，另外一种是创伤的历史印记。这两种历史印记的表现形式不同，但是却都可以让广大民众的归属感以及认同感得到提升。我们伟大的中华民族在历经了五千多年的漫长发展历史，形成了博大精深而又灿烂辉煌的文化体系。我们的祖先不屈不挠，为社会做出了贡献，也为人类的发展做出了突出的贡献。民族荣光的彰显会让人的敬仰之情被激发出来。

尤其是一个民族在逆境中不断向前，更可以让国民的自信心日益提升。大湾区是岭南文化中心和海上丝绸之路的发源之地，这是大湾区最为辉煌的历史印记，是先辈通过辛勤的汗水和不懈的拼搏所获得的。而这些正是我们今天大湾区建设最关键的力量支撑。

（三）创伤印记

那些辉煌的印记可以给我们带来精神上的鼓舞，可以让我们更加有自信、更加坚定前进的方向。除了这些辉煌印记，创伤印记也是不能忘记的，创伤印记会刺痛民族自豪感和民族自信心，但是其所发挥的警戒作用其实是相当明显的。英雄的记忆和创伤记忆是相伴相生的。战争的出现不仅会带来更多的创伤，同时也会让英雄的光辉大放光彩。这些英雄没有被苦难压倒，而是义无反顾地带领着人民一路走向光明。亨利·基辛格说过“中国总是被他们最勇敢的人保护得很好”，是的，中华大地经历了许多的苦难，从来不缺英雄人物。要以英雄为榜样，感受英雄的崇高个人魅力和坚定的理想信念，鼓励学生积极地学习、弘扬英雄精神，主动地关爱英雄，自觉地承担起社会发展的历史重任。大湾区孕育出孙中山、梁启超等许许多多的革命先辈，也涌现出黄飞鸿、林则徐等无数的英雄人物，这些人物都值得我们去铭记、纪念、学习，传承他们的精神，大湾区文化“思政元素”资源库就提取、总结了这些人物的事迹，是本土学生非常好的思想政治教育素材。

二、大湾区文化具有地域文化特色，更具亲和力

地域文化指在特定区域历史悠久、根底深厚、具有特色且流传到如今仍发挥作用的文化传统。《粤港澳大湾区发展规划纲要》提

出“优化提升中心城市”。香港、澳门、广州、深圳作为四大关键的中心城区，已经成为带动整个区域发展的核心引擎，要继续发挥它们的优势和辐射带动作用。大湾区特色文化为11座城市的经济发展提供精神支撑和文化氛围，伴随着社会经济发展的不断加快，在区域经济竞争力不断提升的过程中，地域文化已经成为不可或缺的支撑力量。

（一）大湾区特色文化具有识别性

地域性是传统文化景观的代表，在世界范围内具有独特性，是吸引外来人口注意的关注的关键。水土不同、地域不同，培育出来的文化也是各不相同。文化会对经济的发展和社会的发展产生深刻的影响。我国的地域面积相当广阔，不同地区的社会结构和发展水平各不相同，民族风俗和经济状况也各有差异。因此，地域文化具有明显的识别性。适应城市发展的地域文化，能够被人一眼看出其中所表现出来的文化形态。例如，江南园林给人留下了十分深刻的小家碧玉形象，而北方皇家园林则给人留下了气势磅礴的恢宏形象。我国南北地区的园林设计差异性相当明显，给人们留下的印象相当深刻，这些文元素根本无须刻意记忆。

大湾区总面积约5.6万平方公里、覆盖约7000万人的区域，是我国开放程度最高的地区之一，而且也是经济最为活跃旺盛的地区之一。而今，它将再度开启一场“一个国家、两种制度、三个关税区、三种货币”框架下的融合试验。与其他区域对比，它非常具有识别性。

（二）大湾区特色文化具有独特性

在某一种固定的地域文化环境当中，文化元素和环境元素总是相互交织，进而形成一种特征属性极为明确的文化内涵。地域文化的形成需要长时间的累积和积淀，而且地域文化又呈现出动态发展的态势，如同中华文明有五千年的传承，包括地域文化在内的，很多有特点的文化传统，经历了时间的洗礼传承至今，具有相对的稳定性。在一定的地区里，表现出本土的生态、习俗、文化等，它们和环境之间表现出来的相互依存、相互融合的特点十分明显。正是鉴于这种独特的属性，使其被打上了十分明显的地域印记。举例来说，在我国的内蒙古地区，有很多地域色彩明显的食品，例如，奶豆腐、全羊宴等。而云南是我国民族众多的省份之一，这里的语言文字的组成要素相当丰富。

粤港澳大湾区在这样独特的背景下，独特的地域形成了特有的地域文化，具有东西方文化碰撞交融，“一国两制”的政治特色，敢于创新，勇立时代潮头，这种独特的文化不易消逝，会长期保存，大湾区文化不仅是中华文化多样性的组成部分，也是中华民族的珍贵宝藏。

（三）大湾区文化影响校园文化

校园文化建构就是将各种多元的文化资源整合具有地域特色的核心文化。地域文化是怎样渗透到校园文化建设的过程中？从实践发展的层面上来思考，可以从共性文化和个性校园文化两个不同的组成要素层面回答这一问题。首先，共性文化，也就是整个社会的大文化都是以社会主义核心价值观为引领。地域文化虽然在有些地方是呈现多元性，不具备非常明显的特征，这部分的地域文化是我们共同处于中国特色社会主义阶段所呈现出来的文化共性。其次，就是个性文化要以地域特征为契机，进行个性化校园文化的培养。具体来说，应该关注如下三个核心支点。

第一，以坚定中国特色主义道路的信念，和中国梦共同理想的实现作为引领，明确好未来的发展方向。要让每一位大学生都有爱国意识和民族情怀。技工院校文化课和普通学校相比，开设得比较少，因此更应该在校园文化中引入和渗透社会主义核心价值观的相关内容。

第二，以优良的地域文化为基础。地域的传统文化和创新精神，激发创造力。比如，中山市是伟大的民族英雄、伟大的爱国主义者、中国民主革命的伟大先驱、三民主义的倡导者孙中山先生的故里，所以它一直传承着民主、博爱等地域文化特点。比如中山就有农历正月十五举办慈善万人行的优良传统，这也具有地域特点的文化。这些都能促使在中山市的院校，形成独居地域特色的校园文化，从而激发学生充分发挥自己的创造力，勇敢地开拓创新，实现人生价值等。

第三，将学校自身的人文气息和文化积淀作为重要的土壤，彰显独特性。不同的学校有不同的文化积淀，有不同的历史沿革，有不同的文化传统。可以此作为支点和契机，构建起具有鲜明特色的校园文化，校园文化可以表现的方式丰富多彩，如在校服当中表现、在校歌当中表现、在校风当中表现等。

粤港澳大湾区作为一个特殊的区域，极具特色的湾区文化更是深深地影响着在这 5.6 万平方公里上矗立的座座校园，“一国两制”的独特政治文化，形成独具地域特色的校园文化，同时也使这 11 座城市的文化氛围体现在丰富多元的校园文化中，具体可以是体现在校园的标语和学生风貌当中，也可以体现在校园的一草一木和一砖一瓦当中。

（四）大湾区文化影响学生心理习惯及价值观

大湾区文化作为一种区域文化，是如何将多元的文化整合成核心的文化，从而影响学生的心理习惯和价值观？在这里我们试图给出一个对于大部分人都适用的共同路径。虽然每个具体的领域和个体都有不同的具体情况，但以下我们将重点论述一般的路径。

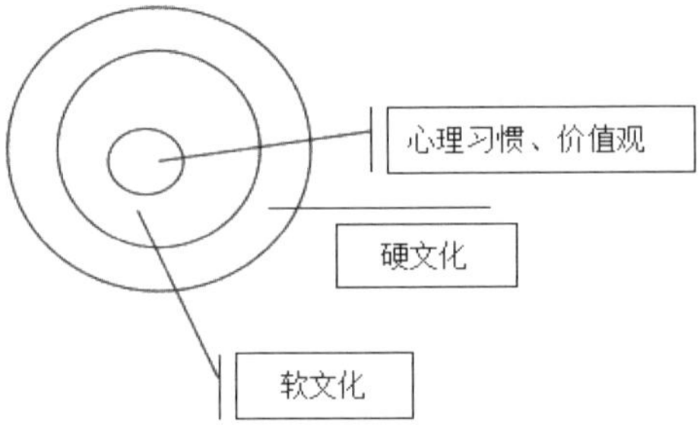

图 1　地域文化的三个层次

如图 1 所示，地域文化从形态上看，至少包含三个层次：硬文化、软文化和心理习惯、价值观文化（精神文化）。

硬文化是地域文化建设的前提和载体，是环境设施文化，它包括校园布局、建筑雕塑风格、校园绿化美化、环境卫生和各种校园活动的设施；软文化是处于地域文化中，某一个机构（这里我们研究学校）的管理体制、组织机构、生活娱乐方式、行为规范、规章制度；心理习惯、价值观文化（精神文化）是学校长期创造形成的一种特定的精神环境和文化氛围。它是学校文化的核心和灵魂，从形态上可分为三类：其一是观念型文化，包括思想观念、道德观念、价值观念和审美观念等；其二，是智能型文化，它以课程文化为代表，同时包括课外文化；其三，是素质型文化，包括心理素质、学术风气、治学风格、学校的传统和作风。这三类文化在我国，是以社会主义核心价值观为引领，这是大方向和基调。

因此，要将多元文化整合成一种核心文化，至少应该包含以上三个层次，片面强调硬文化、软文化或心理价值、文化习惯都有失偏颇。地域文化建设应是将多元的文化整合成以社会主义核心价值观为引领，具有以上三个层次的核心地域文化。那么，粤港澳大湾区以其独特的影响力和自身的魅力感染着每一个人，不断浸润我们的心灵，改变着我们的生活方式甚至价值观念。学生正值生长发育的关键时期，大湾区文化对他们的人生观、价值观以及社会道德观的影响更为深刻。主要体现在三个方面。

第一，粤港澳大湾区文化多元化视角及丰富的内容增强了学生的社会适应性。从根本上来看，人类必然要经过社会化这一关键的发展过程。因为人是社会的人，只有在历经了社会化的发展之后，才会将社会准备内化为自身的价值观，才会明确自己的行为标准。以此为基础所建构起来的社会交往关系，会使一个人由原本的自然人的状态朝着社会人的状态不断地转移、转化。具体来说，社会化主要包含两个领域的关键内容：一方面，是社会对个体所开展的教化的基本过程；另一方面，是某一个个体和其他成员互动交流的过程。文化的影子无时无刻不存在我们的生活中，青年学生在成长与适应社会的过程中会受到文化的影响非常深远。

学生不仅是学习主体，也是参与社会实践的关键主体。借助学习活动，能够让他们掌握更多的文化知识，能够让他们的视野更为开阔。而作为社会最典型的参与者和最主要的成员，参与到区域活动或者是社会活动当中去，也可以帮助他们积累更多的经验。例如，在各种实践活动当中，他们学会与他人合作沟通的方法技巧，学会展示自我的技巧，并且也会逐渐地树立竞争的意识，这样才能够更好地融入社会、更好地适应社会。所以，大湾区文化很好地增强了学生的社会适应性。

第二，粤港澳大湾区包容交汇的文化激发学生想象力，开阔思维视野。人们物质生活水平的日益提高，自然会使得他们对于精神领域提出更多的诉求，大湾区文化的多元化也进一步促进了人们追求精神生活的方向。青年学生亦是如此，在接受书本知识的同时也需要精神上的放松，在受到一定限制的空间内，身边人物、事务及环境等使其增长知识的同时，激发其想象力，开阔思维和认识，进而提升自身的能力，成为社会需要的多元化能者，实现学校成长教育的目标。

粤港澳大湾区有着极为丰富的文化内容，并且有着多元化的、多层次的视角，这都会对学生的价值观和人生观、世界观产生根本性的影响。大湾区文化本着求真务实的基本导向，让学生能够勇敢地接受最真实的自己，能够对自己充满信心。

第三，大湾区文化有助于学生成长教育的顺利实施。大湾区文化内容的多元化趋势，对于学生身心的健康成长也是大有裨益的，这也是缓解学生紧张压力的关键举措。学生不仅要学习书本当中的知识，还要全面地满足自己的精神诉求，甚至学会放松自己的身体和心理，提升自己的社会适应力。实际上这都是学生个体社会化加速发展的积极表现。这也就意味着大湾区文化的多样性，对于学生身心的发展起到了积极的作用。成长教育的过程，实际上也是全面教育的过程，要关注学生综合素养的提升。大湾区制度文化的建设对于成长教育制度的高质量发展具有十分关键的作用，学生在习惯、适应多样的制度文化下，学会了调整自己身心健康的方式方法。

三、大湾区特色文化是重要的“思政元素”

思想政治教育是高校思政教育工作最关键的方式和载体，也是帮助广大大学生树立正确价值理念的最核心的途径。改革开放在加速推进，各种文化的冲击作用也变得更为明显。我国高校的主流价值观必然也会受到一定的冲击和威胁。与此同时，有一部分学生的政治信仰问题相对较模糊。他们对于历史事件以及历史任务的了解也并不是十分清晰。因此，在未来工作中，就应该全面深度地挖掘大湾区红色文化的育人作用。让这些红色文化的内涵得到全面的彰显，让学生参与学习的能动性得到全面的激发。这样才能够为合格的社会建设者和接班人的培养工程夯实基础、奠定培土。

（一）思政教育中特有的价值意蕴

高校开展的思想政治教育活动应该是对红色基因的传承，应该是和爱国主义情怀的高度对接。粤港澳大湾区所拥有的红色资源是相当丰富的，能够为高校思政教育提供有效的平台和载体，提升高校思政教育的有效性、实效性。因此，应加强粤港澳大湾区红色文化开发，并且借助有效的方式和手段，使其能够全部渗透到高校思政教育教学当中去。

中国共产党在社会主义时期以及民主主义建设时期，在粤港澳三地积淀了十分丰富而又宝贵的历史文化财富。有纪念馆，有革命根据地遗址，有红色物质文化，不同时期特色也非常鲜明。可以说这里将精神文化以及物质文化和制度文化进行了高度的整合，为大湾区各学校开展思政教育工作，提高思政教育的实效性，提供了必要的保障。

首先，丰富的爱国主义教育素材。大湾区红色文化资源的全面挖掘，能够让我们找到很多可用的优质文化资源，如“孙中山故居”“珠江纵队司令部旧址” “黄花岗七十二烈士墓园”等，其表现出来的属性特征都是相通的、都是一致的，借助这些英雄事迹和经典的革命事件让学生拥有更为强烈的爱国情怀，拥有更为强烈的报国志向。

其次，生动思政教育的形象性。有了红色文化的全面挖掘作为支撑，能够让原本枯燥的思想政治教育活动朝着更为鲜活的方向转化，学生也更容易听懂这些内容，也更容易吸收这些营养。例如，利用红色资源，开展社会主义的优越性教育。同时要帮助学生树立正确的价值观，自觉抵制拜金主义和功利主义等不良思想的侵害。就当前的发展来看，文化思想以及社会多元思潮都会影响到学生正确价值观念的树立。但是这些不可多得的宝贵的红色文化资源，拥有着不可争辩的历史，拥有着鲜活的人物形象。这些资源都可以成为批判西方负面言论的关键证据，成为论证西方资本主义资本扩张的社会本质的有力证据。

促进价值认同、文化认同及国家认同。对于大湾区红色文化资源要进行全面的挖掘，并且要借助有效的方法和手段，使其能够真正地融入思想政治教育体系中。尤其要让我国香港地区以及澳门地区的学生对国家有着更多的认同感，对文化有着更高的认同感。在红色文化的指引下、粤港澳大湾区青年学生能形成高度统一的思想认识，热爱家乡、建设家乡，在活力湾区的建设中付出更多的努力。粤港澳三地青年文化也存在着差异，例如媒介使用、流行文化、历史教育及语言文字等方面的差异，而通过红色文化教育，帮助三地学生树立正确的历史观，提高国家意识、价值认同、文化认同，可以更好地实现大湾区的融合发展。

（二）大湾区孕育党的精神图谱

我们如何继续挖掘好、利用好蕴含在百年党史中的精神财富？我们要在百年党史中吸取精神财富，要让百年党史成为我们力量的源泉。我们要清晰、准确地把握自身的历史担当与历史责任，增加历史自觉，把握历史主动。建党一百多年以来，中国共产党在革命、改革、和建设时期形成了许多精神。为什么需要精神？其实，清末民国时期外国人称中国人为“东亚病夫”，主要不是因为中国人的身体健康状况不好，而是说当时中国老百姓的精神状态不好。毛泽东同志说过，人是需要一点精气神的。精神是一个民族赖以长久生存的灵魂，唯有精神上达到一定的高度，这个民族才能在历史洪流中屹立不倒。从某种意义上来说，中国共产党的崛起和发展，首先是精神上的崛起。中国共产党成立之后，中国被带到一个朝气蓬勃的时代。一百多年以来，中国共产党在实践中形成了各种精神，形成了中国共产党特有的精神图谱或精神结构，这都是我们不忘初心、继续前进的精神财富。

粤港澳大湾区更是具有丰富的红色资源，其中就有中国共产党历史上形成的精神谱系，精神谱系中许多精神形成跟粤港澳大湾区这片热土密不可分。要将大湾区的红色文化和精神谱系全面深入地渗透到高校的思政教育体系中去，引领粤港澳大湾区青年学生积极地参与并投入粤港澳大湾区的建设活动当中。笔者认为，历史的展开和精神的升华是两条相互同步的曲线。如果按照精神的演化来做一个划分，大湾区文化蕴含的中国共产党的精神图谱，可以划分为三个不同的阶段或者类型。

一是革命精神。主要包括长征精神、抗战精神、抗美援朝精神、珠纵精神等。这里要特别指出的是“珠纵”精神。

讲到粤港澳地区的抗战年代，我们不由得想起珠江纵队。广东人民抗日游击队珠江纵队司令部旧址——古氏宗祠位于广东省中山市。据不完全统计，在抗日战争时期，珠江纵队第一支队在中山共经历了大大小小 140 多次战斗，许多在战斗中牺牲的革命先烈就埋葬在这五桂山的崇山峻岭之中。1945 年 5 月 9 日开始，日、伪、顽军共出动 4000 多人，分为六支队伍对五桂山根据地开展了全面的扫荡。有 16 名游击战士从石鼓挞突围后，转移到石莹桥大石托山坚持战斗。但是敌人地毯式的扫荡，使得这些队员整整七天在山上滴水未沾，没吃没喝，他们的身体处于非常虚弱的状态。最后他们不幸被敌人抓住。但是这些队员却有着宁死不屈的精神。即使受到了敌人的严刑逼供，游击队员们宁死不屈。凶残的敌人将 16 名游击队员置于大石上，惨无人道地进行碎尸，战士们的鲜血将整个溪水都染红了。后人把这块石头称作“剐人石”，并在这块石头旁边立起了烈士纪念碑。青山处处埋忠骨，一片丹心励新人。珠纵英雄们前赴后继、英勇献身的崇高民族气节，已经凝聚成一种跨越时空的精神财富——“珠纵”精神，激励着我们勇毅前行。

历史上的壮举之一——中国工农红军二万五千里长征曾道过广东省，因此，在粤港澳大湾区这片神奇的土地上也孕育着“长征精神”。长征不仅是一本宣言书，也是一个宣传队，更是一架播种机。什么是长征精神？我认为，最重要的有三点。就是信念坚定，具有不怕苦、不怕死的革命英雄主义、革命乐观主义精神。长征是非常艰难的，在长征的过程当中，红军每天行军的里程有 37 公里，在 368 天的行军途中，有 15 天整天都在打仗，基本上每天都会有一次遭遇战。中央红军出发时有 8.6 万人，1935 年到达陕北的时候只有近 8000 人。蒋介石调遣了三十万军队围追堵截。在重重包围之下，红军还是突出重围。蒋介石看起来兵力很多，但地方军阀的部队都是心怀鬼胎。地方军阀把红军赶出自己的地盘就算完成任务，而蒋介石也有自己的算盘，希望通过围剿红军趁机削弱地方军阀的力量。那些军阀也不是省油的灯，看穿了蒋介石心思。即便如此，红军面临的环境也是很恶劣的。没有坚强的信念、坚定的意志，是不可能完成长征的。长征对于中国共产党的伟大意义在于，经过长征之后，中国共产党在精神上成熟了，可以面对一切可能的困难与苦难。

二是艰苦创业精神。这是社会主义革命和建设时期的中国共产党精神。这一时期培育产生的具体精神主要有劳模精神、英模精神、东深精神、女排精神、企业家精神等。

这里，特别要讲的是“东深精神”。东深供水工程建设者群体被授予了“时代楷模”的称号。可以说，如果没有他们的努力，香港今天的用水自由是不会实现的，香港经济发展也失去了基础支撑。

香港的淡水资源十分匮乏。1963 年香港又遭遇了历史上的大旱，水荒非常严重。香港在缺水最严重的时候，每四天才能够供给一次水。“山塘无水地无粮”“唔知几时没水荒”[①] 等歌谣反映了当地民众的无奈之情和困窘状态。引东江水来补给香港的建议呼之欲出。那个

① 粤语，意为不知道什么时候才没有水荒。

时候新中国刚刚成立，仍然面临着很多的发展困境。因为“香港百分之九十五以上是自己的同胞”，周恩来总理仍然特批了 3800 万元用于建设东深供水工程。“要高山低头、令河水倒流”，这项任务看起来似乎十分困难，但是在建设者的手中却一步一步地成为现实。无论是知青还是农民，无论是大学生还是工人都参与了这项艰难的任务。他们历尽千辛万苦，不分白昼黑夜地开山，一座座的水坝和厂房拔地而起。工程的关键是发源于深圳大脑壳山的石马河，如果要引水到香港，需将由南向北流入东江的水位提高 46 米，使之倒流 83 公里进入深圳水库。建设的速度是惊人的，取得的成绩也是可圈可点的，仅仅用了不到一年的时间，东江之水便奔流而下注入香江。从此，香港同胞便再没有了缺水的困难，当初那句愁云笼罩的“唔知几时没水荒”也终于有了答案。东深供水工程的建设者是临危受命的，他们也许没有对这次建设活动的重大意义有多大的了解，他们只是认为国家的召唤就是自己不可推卸的责任，他们承担的是时代责任。据报道，整个东深供水工程的路线长达 51.7 公里，勘测设计的人员来来回回地走了上万公里，才定下了最终的方案。为了能够全面地保护水源，避免产生环境污染，我国的环保等多个部门都参与到工程的论证中。多年来，东深供水工程建设者用尽全力去维护香港同胞赖以生存的水源生命线。内地和香港的民众是心意联通的，这是血浓于水的真情表现。

“其难可知，其情动人”，东深人的楷模精神，不仅是从无到有的一种突破，更是不畏风险、不惧艰难的建设热忱的深刻表现，他们对于香港供水这一条生命线，数十年如一日地精心的关爱和呵护，并确保“清水如许”。从 1965 年一直到 2020 年，东深供水工程对我国香港地区的供水总量已经超过了 260 亿立方米，相当于 180 个西湖水量的大小。五十多年不间断地对香港地区的供水，实际上正是这些建设者不断努力的结果。自从建设完成一直到现在，东深供水工程历经了三次大规模的扩建活动，并且实施了一次全方位的改造活动，这也是为了满足香港日益增长的用水诉求。正因意识到“生命水、政治水、经济水”的重要作用，一代代东深人深知自己肩上所承担的责任，他们用自己专业的态度和精湛的技术守护了我国数百万香港同胞的用水之源。

如今，粤港澳大湾区的宏伟发展蓝图已经绘制完成，东深供水工程在未来的发展中，必然会承担起自己的责任和使命。“却顾所来径，苍苍横翠微。”东深供水工程建设者用自己的坚持不懈守护了香港的繁荣，他们始终在砥砺前行。“东深精神”是值得我们景仰的。

三是改革开放精神。改革开放精神所包含的内容十分丰富，包括拓荒牛精神、特区精神、抗击非典精神、抗震救灾精神、脱贫攻坚精神、劳模精神等。

这里要特别讲的就是“特区精神”。深圳是改革开放政策全面落地之后，中国共产党带领着全国人民一起创造出来的一个崭新的城市。唯改革者进，唯创新者强，唯改革创新者胜。以深圳和珠海等为代表的经济特区正是中国故事最生动的表达。

今天，经济特区始终扮演着排头兵的重要角色，在未来的发展中，人们也对这些经济特区给予了殷切的希望。改革发展进入攻坚期和深水区，深圳再一次被赋予先行示范、破冰探路的重任，成为建设中国特色社会主义先行示范区的探索者。经济特区与先行示范区、粤港澳大湾区“三区叠加”，没有经验可循、没有模式可依。深圳遵循中央的顶层设计，主动承接试点，依然大胆先行先试，在基层探索中勇于挑最重的担子、啃最硬的骨头。主动对接国家、广东省改革任务，在重点领域和关键环节的改革上攻坚突破。1999年，珠海率先出台《珠海市技术入股与提成条例》，首次将技术入股写进地方法规；2013年，珠海实施全国首部人才开发地方性法规——《珠海经济特区人才开发促进条例》；2018年实施《关于实施“珠海英才计划”加快集聚新时代创新创业人才的若干措施（试行）》，由16条举措组成的珠海人才新政含金量高、保障力足、针对性强、覆盖面广，引发各界广泛关注。现在，在“特区中的特区”前海，这片仅28.2平方公里的土地上，已在贸易自由化、投资便利化、金融开放等方面累计推出制度创新成果数百项，其中在全国复制推广的就有近百项。从经济特区到自贸试验区，从先行示范区到海南自贸港、粤港澳大湾区，经济特区作为中国改革开放的窗口，从未放慢过脚步，它站立在更高的起点，完善高水平开放型经济体制，以世界眼光打造市场化、法制化国际化营商环境。经济特区历经了巨大的变革，这是广大特区建设者不断拼搏奋斗的最终结果。在全新的战略起点上，敢为人先和埋头苦干的特区精神必然会一代又一代地发扬下去。

位于大湾区的中山市里溪村被称为“广东的小岗”。里溪村的改革展现出中山人民敢闯、敢试、敢为人先的精神，跟粤港澳大湾区的文化极其吻合。与小岗村相似的是，当时的里溪也是比较穷的村。因为毗邻港澳，当时广东的很多人就冒着生命危险偷渡到香港。在20公里长的边境线上，全部架起来铁丝网，安排警察和部队在这里巡逻。凡是偷渡被抓到的，就关进边境附近的拘留中心。有一次，有人把这种情况跟邓小平同志汇报，汇报完之后，提出的对策是加大巡逻力度。邓小平弹了一下烟灰说，这实际上是我们在政策领域所出现的关键问题，不是部队管得了的，两边的生活水平的差距才是症结之所在。特区为什么选择在深圳，为什么要选择改革开放，从某种程度上说，也是被逼出来的。不改革、不改变政策，老百姓就会用脚投票。小岗精神也好，特区精神也罢，强调的都是“敢闯敢试、敢为人先”的精神。在新时代，仍然需要这种敢闯敢试的改革创新精神。

简而言之，我们要以正确的历史观来看待党的百年峥嵘岁月、光辉历程，要从中汲取智慧和精神力量，以一种更加昂扬向上的状态面对未来，更主动地把握历史使命和历史担当。要做到这一点，我们每一个人都要成为一个有历史感的人。昨天是今天的历史，今天是未来的历史。每一个共产党人都要对党负责、对历史负责。

（三）将大湾区红色文化“思政元素”融入思想政治教育

粤港澳红色文化“思政元素”是实现红色文化和高校思政教育活动高度融合不可或缺的契机，也保障了红色文化资源的多元性以及多样性充分得到彰显。但是在粤港澳红色文化资源充分实践利用的过程当中，我们要怎样推进这种特点区域文化的“课程思政”工作？

第一，深度挖掘大湾区红色文化资源。在思政教育活动中，进行红色文化的渗透，应该将红色文化挖掘作为关键的支撑。如果这些资源不能够得到有效的挖掘和全面的开发，将会影响到学生学习的质量和课堂的效果。红色文化资源如果失去了地域色彩作为支撑，也会使得文化资源的利用质量和效率相对有限。对于粤港澳大湾区学校的学生，思想政治教育不只要讲好价值观教育、主流意识形态教育及爱国主义教育，还要渗透文化认同、国家认同、价值认同等内涵，并根据教学目标，对思政教育的核心内容进行重新的规划设计。让思想政治教育内容与大湾区的文化、历史、制度紧密地结合，进而帮助教育者更好地提取、融入、运用当地的红色文化资源。

第二，以学生为主体，优化“思政元素”。要让“思政元素”拥有趣味性，同时要与学生的实际生活进行高度融合，这也是帮助学生们理解马克思主义思想的关键举措。目前，粤港澳大湾区的红色文化资源还有很多没被挖掘、没被开发，还有很多没有全面渗透到思政教育体系。具体来说，思政元素内容的优化面临着三个关键的困境。一是“思政元素”内容和红色文化资源融合的程度还有待提升。粤港澳大湾区的历史发展进程不同、制度不同，因此在红色文化资源领域的表现差异性也是相当明显的，但在思政教育上却存在部分高等院校应用“相同思政教材、思政教学内容”的现象，这就使得红色文化资源和教育资源的对接融合程度不高，红色文化的价值亮点没有充分凸显。二是“思政元素”的相关内容和学生的学情以及认知规律之间的契合度不够。也就是说，教育素材的引入和渗透没有充分考量到学生的接受能力，没有考量到学生的实际诉求。理论内容过多，但是形象性和趣味性的内容过少，使得学生的接受程度不高。三是缺乏与社会现实的联系。高校思政教育的核心目标就是帮助学生树立正确的价值观，但是如果和社会发展相互脱节，就不能够从价值认同、国家认同及文化认同的维度，充分彰显思政教育的积极价值。

第三，加强思政教育内容与社会发展的联系。对于思政教师而言，应该充分结合粤港澳大湾区的基本发展情况以及建设实际，对思政教学内容进行重新规划，让教学内容充满时代感，这就需要思政教师具有敏锐的政治嗅觉。另外，还要全面提升思政教育的生动性和灵活性，将思政教育和社会发展高度融合，积极推进我国社会主义现代化发展和建设，使粤港澳大湾区也在全国的大环境下，得到滋养，得到健康、全面的发展。

第四节　大湾区特色文化“思政元素”资源库

大湾区特色文化“思政元素”资源库的主要内容在于有效利用粤港澳大湾区的地域文化特色，凝练其精神文化内涵，整理有关的故事、人物、风俗、文化等，根据技工院校学生个性鲜明、思想活跃、动手能力强等特点，深挖资源“鲜活素材”，讲好中国故事、讲好广东故事、讲好中山故事、讲好红色故事，并结合职业教育、技工教育实际，对照开设课程内容，形成较为系统的思政教学资源，推进实践教学，强思政课程吸引力与感染力，推动课程建设与开发，切实提高育人成效。

一、大湾区特色文化“思政元素”资源库建设的意义

一是丰富思政课程教育教学资源和内涵。从宏观视野来看，思想政治教育具有鲜明的文化视野，思政课服务于坚定文化自信、建设文化强国的需要；服务于支撑精神文化生产传播的需要。粤港澳大湾区特色文化是岭南文化的重要组成部分之一，更是中华优秀传统文化的重要组成部分，具有“经世致用”“求真守信”“图强求新”“开放包容”“赤诚报国”“勤劳进取”的精神特质。将学生熟悉的区域特色先进文化元素融入校本思政课程教学内容与实践中，一方面

可以提升学生认同感，承担区域使命；另一方面也丰富思政课教育教学资源，鲜活思政课内容，有效激发学生的学习兴趣。让思政课更具地方特色，更有说服力、感染力、亲和力，让课堂真正活起来，浸润“显性”思政课程。

二是开展思政课一体化教学改革探索。本课题将大湾区特色先进文化科学地融入思政教学各环节，全方位、立体式开发协同育人思政教学资源。创新思政课教学方式，通过“理论＋实践”“课内＋课外”“校内＋校外”等多种形式相结合开展一体化教学改革；通过校外实践基地、“VR智慧思政室”等方式开展实践教学。如此一来，也就可以让学生更加直观、具象地理解思政内容，更为清晰精准地理解思政教育的基本内涵以及价值意义，大大增强思政课教学的实效性。

三是提升思政教师的教育教学水平。思政教师在备课、上课的过程中，一方面，通过对本土先进文化的挖掘、提取，提升了自身的教学素养和综合人文素养，储备了更为广泛的教育素材和资源；另一方面，可以充分利用信息化教学手段，以视频、直播、慕课、微课、采访等多种形式拓宽思政教学渠道，从而有效提高思政课堂教学水平。

四是提高学生综合素养。通过本土先进文化浸润，让学生的道德素养以及综合素养得到根本性的提升，让学子爱上家乡、建设家乡，成为德才兼备、全面发展的技能人才，服务于地方经济社会高质量发展，为湾区发展贡献出技工教育力量。

二、资源库的思路、目标及推广价值

（一）资源库建立的思路

以分析解决当前技工院校思政课程建设及思政教学实践中遇到的现实问题为切入点，为提高思政教学实效性，充分调动学生的学习兴趣和主观能动性，切实增强技工院校学生的民族认同感、使命感，提升学生的综合素养，以丰富思政教育教学内容及内涵为突破口，梳理提炼粤港澳大湾区特色文化和本土先进文化中与技工教育思政课程建设相适应的先进文化内涵——“经世致用”“求真守信”“图强求新”“开放包容”“赤诚报国”“勤劳进取”，并将文化内涵通过一定的逻辑，整理具有案例、视频、音频或实践指引等数字资源，在思想政治的各门课程中运用，实现课程教学目标、课程设置、教案、教学课件、数字资源、教学改革、教师培养等的有效贯通，推动思政课一体化改革。

（二）资源库建设的目标

一是丰富思政课程教育教学资源和内涵。鲜活思政课程内容，让思政课堂真正活起来、动起来，让思政课堂吸引人、打动人、引导人。不断拓展思政课的高度、深度、广度、力度、温度，切实加强思政课程教学的实践性和实效性。促进思想政治教育与学生成长环境的先进人文精神和优秀文化相结合。思政课与技工教育契合不够紧密、对服务地方经济社会发展的人才培养指导性不强。通过研究粤港澳大湾区文化和本土文化中可为思政课程教学所用的特色文化和先进精神特质，挖掘具有浓郁区域特点的教育资源，因地制宜、因势利导，采取具有针对性的因应之策，产生潜移默化的作用，承

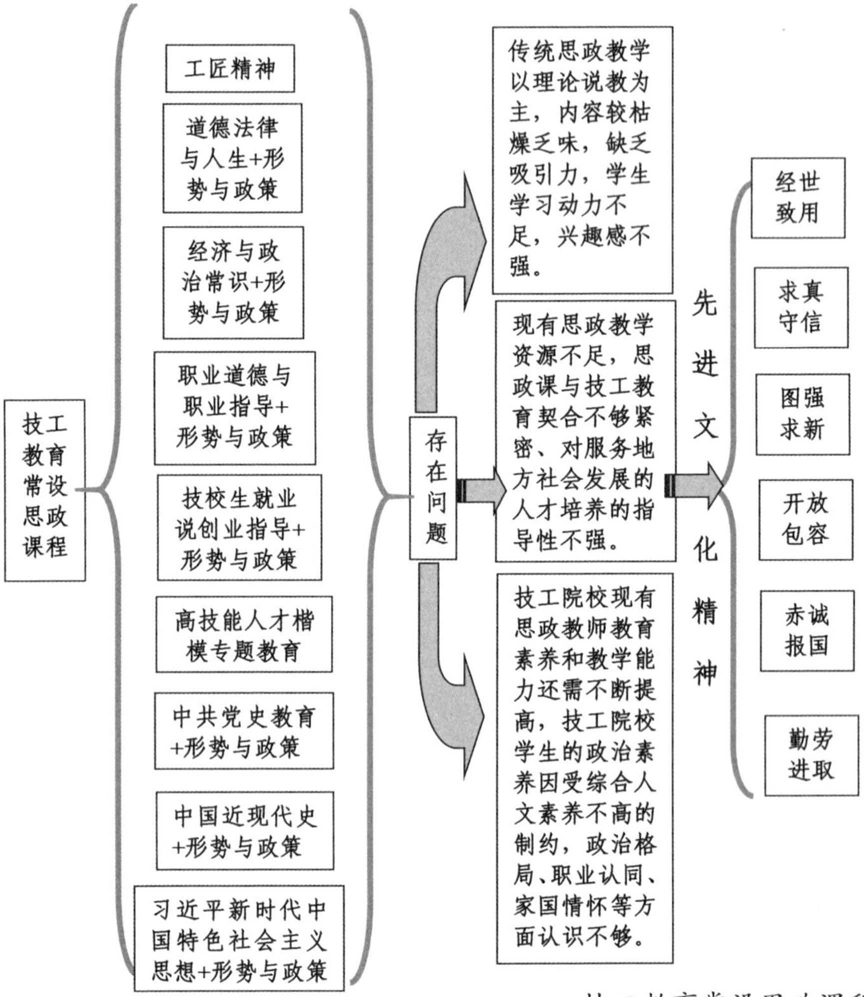

技工教育常设思政课程

担地方教育的区域使命。

二是激发学生思政学习的兴趣和主观能动性。因材施教，挖掘具有区域特点的教育资源，采取具有针对性的因应之策，厚植爱国主义情怀，增强文化自信，让青年学生在传承先进文化、秉承精神中完成区域使命，更好地达到育人的效果，更好地承担立德树人的使命。同时促进思想政治教育与学生个人的兴趣爱好和性格特点相适应。传统思政教学以理论说教为主，内容较枯燥乏味，缺乏吸引力，学生学习动力不足，兴趣感不强。本书试图构建一种新的教学模式，让学生在沉浸式体验中深刻感悟自己所熟悉的、热爱的家乡文化，在粤港澳大湾区先进特色文化的熏陶中，实现从“知识—案例—实践—总结”的教学过程中螺旋式提升自身综合素养，切实加强思政课程教学的实践性、针对性和实效性。

三是解决技工院校思政教师综合人文素养不高问题。随着高等学校思政课程改革的不断深化，思政教师综合人文素养和教学能力不足等问题凸显，该问题直接影响到学生政治素养的培养，本课题通过培育师生的综合人文素养，从而达到提升思想政治素养，深化家国情怀，加强职业认同感的效果。

四是创新思政课教学方式，提升思想政治教育有效性。通过“理论＋实践”“课内＋课外”“校内＋校外”等多种形式相结合开展理实一体化教学改革；拓宽思政教学渠道，创新思想政治教育手段，充分利用视频、直播、慕课、微课、采访等多种形式拓宽思政教学渠道，使学生将所学知识内化于心、外化于行。

（三）“资源库”的特色及推广价值

“资源库”深度挖掘粤港澳大湾区特色文化和本土先进文化中的思政教育资源，丰富思政教学内容，因材施教，鲜活思政课程内容，创新课程教学实践，符合技工教育思政教学应用实际，既有助于提升思政教育教学质量，推进思政一体化改革，增强实效性，又直观感性地让青年学生在传承优秀文化、秉承先进精神中强化了使命、坚定了信念，更好地实现思政育人功能。

地域特色文化蕴含着丰富的思政教育资源，以区域先进文化创新地方技工院校思政课程建设，丰富学校思政教育的内容与形式，增强思政教育的实效性。在遵循辩证发掘与传承创新的原则基础上，可从课程建设、教育实践、校园文化、理论研究等多方面进行系统全面的实践创新，形成思政教育的合力，提升思政育人的应用价值。形成的教学资源可与珠三角地区技工院校共享，对其他地区技工院校亦有一定的参考价值。

三、资源库内容简介及例子

（一）大湾区特色文化资源库简介

岭南地区具有丰富的历史人文资源，是很多近现代史上重大事件的发源地，不少对历史有着影响的伟人都与岭南地区先进文化有着千丝万缕的联系。本资源库的主要内容是通过研究有效利用粤港澳大湾区和本土的地域文化特色，凝练其先进的精神文化内涵，整理其所包含的故事、人物、风俗、文化等，根据技工院校学生个性鲜明、思想活跃、动手能力强等特点，深挖资源“鲜活素材”，讲好中国故事、讲好广东故事、讲好中山故事、讲好红色故事，并结合技工教育实际，对照开设课程内容，形成较为系统的思政教学资源，推进实践教学，增强思政课程吸引力与感染力，推动课程建设与开发，切实提高育人成效。

大湾区特色文化“思政元素”资源库包括六个部分内容，分别是“经世致用”“求真守信”“图强求新”“赤诚报国”“开放包容”“勤劳进取”。每一部分都分“中华优秀传统文化”“革命文化”“社会主义先进文化”三章，每一章又分“人物”和“事件”两节。“人物”中收录人物的简介、图片素材及相应时间段，体现人物相应精神的典型故事案例，还包括跟人物有关的实践教学建议。比如，参观人物故居、观看人物有关电影等。还收录了与人物相关的视频材料。这些案例、图片、视频素材及实践教学建议都非常适合课堂教学，可以用于课件、教案制作，也可以用于课外拓展学习材料，还能用于实践教学指导，对于网络思想政治教育更是提供了需要便利，直接可以用作教育材料。目前资源库收录了包括孙中山、林则徐、梁启超、苏炳添等在内的数百位仁人志士，他们都是从古至今在大湾区这片土地上，为促进祖国的繁荣发展和民族团结，为中国人民的尊严和自由做出过重要贡献的人；资源库还收录了包括虎门销烟、省港大罢工、邓小平视察广东南方谈话、大亚湾核电站建成等一百多个重要历史事件。这些人和事，无不展现着中华儿女、湾区人民“经世致用”“求真守信”“图强求新”“赤诚报国”“开放包容”“勤劳进取”的精神。资源库中的文字、图片、视频及实践素材是我们非常重要的“思政元素”，是大湾区学生思想政治教育的地域文化素材，可以结合学生生活，激发学生学习兴趣，促进课程思政的建设，提升思想政治教育的实效性。

“经世致用”，“经世”为治理世事，“致用”为尽其所用，经世致用就是关注社会现实，面对社会矛盾，并用所学解决社会问题，以求达到国治民安的实效。这一思想体现了中国传统知识分子讲求功利、求实、务实的思想特点以及“以天下为己任”的情怀。

“求真守信”，“求真”指追求事物发展的真理所在和寻找事物发展的客观规律，是在科学的理论与方法的指导下不断地认识事物的本质，把握事物的规律。“守信”，就是讲信用，讲信誉，信守承诺，忠实于自己承担的义务，答应了别人的事一定要去做。

“图强求新”，“图强”就是“发愤图强”，个体决心奋斗，努力谋求强盛，也指下定决心力求上进的情况。“求新”，是努力创新，个体突破旧束缚，破除安于现状的思想，要变习惯性思维、经验性思维为超前性思维、主动性思维，不断树立争创一流的意识，拿出新举措，务求新进展。

“赤诚报国”，语出《资治通鉴·陈纪文帝天嘉元年》中，“培大言曰：‘诸王反逆，欲杀忠良邪！尊天子，削诸侯，赤心报国，何罪之有！’”。“赤”为火红色，比喻真纯；“赤诚”是忠诚、极其真诚的心意；“报国”为国家效劳。“赤诚报国”即形容赤胆忠心，用极其真诚的心意，全心全力为国效力。履践致远，也就是将爱国之情、强国之志化为报国之行，以赤诚初心，去做些实事，以民族复兴为己任，贡献智慧、汗水甚至生命。

“开放包容”，就是以世界眼光和战略思维兼收并蓄、博采众长。“开放包容”是一种解放思想、海纳百川的胸襟，体现在经济、社会、文化各个方面的外引内联。“开放包容”是一种面向世界、博采众长的思维，观念开放、社会开放，经济、文化、技术流通，承认差异、相互学习。“开放包容”是一种和谐发展、共享未来的理念，可以实现从局部变化影响带动全局的改变。

“勤劳进取”，“勤劳”就是指辛勤劳作，努力生产物质财富和精神财富。勤劳是中华民族的传统美德，出自《书·金縢》：“昔公勤劳王家，惟予冲人弗及知。”“进取”意思是努力上进，立志有所作为。“勤劳进取”即为胸怀志向，心有目标，为了实现目标、追逐理想，不断努力上进、发愤图强、不畏艰辛、辛勤付出的过程。

（二）大湾区特色文化资源库人物素材例子：佛山黄师傅——黄飞鸿

1. 案例故事

黄飞鸿（1856 年 7 月 9 日—1925 年 4 月 17 日），原名黄锡祥，字达云，号飞鸿，幼名飞熊。生于广东省南海县，原籍南海县西樵岭西禄舟村。清末民国武术家、中医外科名医、舞狮名家。

黄飞鸿是清末民初的洪拳大师，三岁起随父亲学武，七八岁时，开始跟随父亲闯荡江湖，卖艺为生。1869 年，开始随林福成学习“铁线拳”及“飞铊”等绝技。1872 年，移居广州，在第七甫水脚开设武馆。1874 年，被广州三栏行聘为武术教练。约 1877 年，设馆于广州西关回澜桥附近教徒授艺兼医治刀伤跌打。1882 年，黄飞鸿受聘广州水师武术教练。1885 年，记名提督吴全美聘黄飞鸿为军中技击教练。1886 年，黄飞鸿辞去军中技击教练职务，在广州仁安里设跌打医馆“宝芝林”。1911 年 8 月，任广东民团总教练。1925 年 4 月 17 日，黄飞鸿病逝于广州城西方便医院，终年 69 岁。

（1）济世为怀的“老中医”

黄飞鸿出生于佛山的一个武术之家。受父亲黄麒英的影响，黄飞鸿不仅练就了一身功夫，还掌握了精湛的医术。他曾亲自研制跌打酒、通脉丹等药，还继承了防暑凉茶的配方。这些药是黄家独家所有，但黄飞鸿从不藏私，他并没有把它们当成谋利的工具，反而大公无私地公开跌打酒的浸泡方法和凉茶的验方，

黄飞鸿（资料图片）

希望它们能服务于劳苦大众。因此，人们见到黄飞鸿，都亲切地叫他“黄师傅”。

光绪年间，黄飞鸿在广州仁安里开设了一个医药馆，也就是电影里的“宝芝林”。医药馆开张后，生意并不好。人们都知道黄飞鸿懂武功，却少有人知道他还精通中医。为赢得信任，黄飞鸿免费为大家看病。可即便如此，人们宁愿去别的医馆，也不敢让他给自己看病。

当时，参加过中法战争的黑旗军统帅刘永福得知黄飞鸿会武功，就前去拜访。二人见面后，刘永福提到自己得了脚痒的病。黄飞鸿表示可以帮助医治，刘永福并没有太当回事，只是让黄飞鸿试试。没想到，他的脚疾竟然被黄飞鸿给治好了。

（2）侠肝义胆少年郎

1863 年，刚满 16 岁的黄飞鸿从佛山移居广州，开始了独立闯荡世界的生活。他在广州西关开设了平生第一家武馆，结束了居无定所的街头卖武生涯。武艺精湛的黄飞鸿很快就被广州果栏、菜栏、鱼栏三栏行聘为武术教练，成为当时中国南派武林中年轻的武术教官。

值得一提的还有黄飞鸿的舞狮技艺，这是一种融武术和技巧于一体的技艺。广东地区有舞狮的习俗，每逢节日来临，民间舞狮团队就会走上街头表演，平添几分喜庆。当时的武术家相互交往都是通过舞狮子来比试实力高低以及武术套路的深浅，借机发挥各家武术特长，在举重若轻，看似轻松愉快的挑战中交流。

黄飞鸿的狮艺以“狮子出洞”“狮子上楼台”著称，以“飞陀采青”为拿手绝活，在当时的广东独树一帜，被誉为“一代狮王”。他力排当时重男轻女的世俗偏见，最先收授女性徒弟，并组建女子舞狮队，开创了南粤女子舞狮的先河。

（3）两次从军，精忠报国

黄飞鸿在我们的印象中是呼啸武林的高手，但我们所不知道的是，他的一生还有过两次从军、精忠报国的经历。

第一次从军是任水师提督吴全美军中竞技教练。

黄飞鸿 34 岁的时候，顺利考取了广州将军衙门靖汛大旗手一职，不久便被清廷广东水师提督吴全美提拔担任军中技击教练，迎来了他人生中的第一个高峰。他不负众望，精心培训军士的搏击技能。部队的战斗力得到加强，就连洋人一时之间也胆怯三分。

正当黄飞鸿军中生涯十分顺利的时候，吴全美突然病逝，黄飞鸿也不再被重用。于是，他辞去了军中技击教练一职，在广州西关仁安街开设医馆，专治跌打损伤之类的常见病，也就是我们在影视剧中常见到的“宝芝林”。

第二次从军是跟随刘永福参加甲午中日战争。

黄飞鸿以高明的医术吸引了刘永福的关注。刘永福在出任闽粤南澳总兵的时候，从马背上摔下来，致使腿部受伤，一直未能痊愈。他听说黄飞鸿的“宝芝林”很厉害，就请黄飞鸿给他医治。只用了一周的时间，刘永福的腿伤就治好了，刘遂专门制作了一块牌匾“医术精通”送给黄飞鸿，并且聘请他为武术总教练。

黄飞鸿遇见刘永福，就好像千里马遇到了伯乐。黄飞鸿也开始了他人生中第二次军旅生涯。

1894 年 7 月 25 日，甲午中日战争爆发，黄飞鸿跟随刘永福到达台湾驻防台南。清军与日军激战了五个多月之久。最后，北洋海军全军覆没，清廷屈辱求和。在 1895 年 4 月 17 日，李鸿章代表清政府被迫与日本签订《马关条约》，割让辽东半岛、台湾全岛，及所有附属的岛屿和澎湖列岛，赔款白银 2.3 亿两，增开沙市、重庆等为通商口岸，并允许日本在中国各通商口岸投资设厂。

1895 年 6 月，刘永福率部从台湾撤回大陆，黄飞鸿也返回广州。黄飞鸿的这次从军最终黯然收场，此时的他心灰意冷，决定退出武林，不再收徒弟，不再传授武艺，只悬壶济世，治病救人，并在“宝芝林”门口写下了“武艺功夫，难以传授，千金不传，求师莫问”这十六个大字。

2. 教学实践

（1）参观黄飞鸿纪念馆

为了纪念黄飞鸿这位杰出的武林宗师，佛山市文化部门于 2000 年开始筹建黄飞鸿纪念馆。同年 5 月纪念馆奠基，经过九个月的努力，纪念馆落成。

佛山黄飞鸿纪念馆（资料图片）

黄飞鸿纪念馆坐落在佛山市区中心、著名旅游名胜地祖庙的北侧，为一座两层仿清代青砖镬耳建筑，总占地面积五千多平方米。整个纪念馆为两层两进深三开间仿清代镬耳式建筑，内设陈列馆、影视厅、演武厅、演武天井等。陈列部除了介绍黄飞鸿的生平事迹，还全面展示了近 70 年来围绕黄飞鸿而产生的各种文艺作品以及上千件珍贵文物。黄飞鸿纪念馆筹建期间，得到海内外有关人士的鼎力支持和帮助，他们为纪念馆提供或捐赠了千余件有关黄飞鸿的历史图片和珍贵实物。

（2）了解南派醒狮

起源故事：古时佛山出现过一头怪兽，年年岁末就出来糟蹋庄稼，伤害人畜。乡民为避其害，就用竹篾扎架彩绘成多头假狮子，当怪兽出现时就锣鼓齐鸣、舞动假狮，使怪兽见后惊恐而遁。从此，乡民相信狮子有驱邪镇恶之功，便于每年春节敲锣打鼓、扎狮演舞，并挨家挨户拜年，以求消灾除祟、祝贺吉祥。

历史渊源：广东醒狮，属于中国狮舞中的南狮，由唐代宫廷狮子舞脱胎而来。五代十国之后，随着中原移民的南迁，舞狮文化传入岭南地区。明代时，醒狮在广东出现，起源于南海县，后流传到广州和遂溪。明清时期，遂溪醒狮开始表演。明末清初，两广地区就盛行春节舞狮民俗。“文化大革命”开始后，舞狮被当作封建迷信而被禁止。20 世纪 80 年代以来，几乎乡乡都有自己的醒狮队，一年四季，开张庆典锣鼓声不断。逢年过节，狮队一般上街采青、巡演。改革开放后，广东醒狮活动得以恢复并与日俱增，广东佛山、湛江、广州等地，尤其是珠江三角洲地区，群众性狮艺普及，不少地方成立醒狮队，每逢节庆及重大活动、庆典必有醒狮助兴。20 世纪 80 年代起，一些条件较好的街道、村镇开始有组织地成立龙狮团。

表演项目：一般分贺庆、竞技、联谊、驱邪、阵式和演艺等六类。

① 贺庆：逢节日喜庆、奠基落成、寿宴婚娶，群狮齐贺、狮鼓齐鸣，由一至两只狮口含金条、金钱、金砖、元宝、玉器等道具，拼砌成姓氏或福、禄、寿、喜等吉祥语句和图案，以示恭贺。

南派醒狮（资料图片）

② 竞技：由两个或多个狮班同台献艺，好胜争强，各显高难灵巧狮艺，以求扬名乡里，争当狮坛霸主。

③ 联谊：两个或多个狮班同台表演，结友联谊。点香交拜，群狮起舞，同庆共乐。

④ 驱邪：醒狮对蝎子、蜈蚣、毒蛇、蜘蛛、青蟹等邪毒物类（比喻为邪恶的事物）予以撕咬、吞食，以求达其驱邪镇恶之目的。

⑤ 阵式：由主家的狮班为应邀前来的各个狮班设下阵式，各狮班按狮坛规矩以不同招式套路技艺破阵，表演时配鼓乐、旌旗、呐喊，场面气氛热烈。阵式有梅花阵、七星阵、八卦阵、蟠龙阵等。

⑥ 演艺：表演醒狮的各类采青套路，如采桥青、盘凳青、云梯

青、三山青、楼台青、高杆青、八卦青、椰子青、灵芝青、捞月青等。亦有主家故设障碍，考验狮班的采青技艺。

表演流程：表演时，锣鼓擂响，舞狮人先打一阵南拳，这称为“开桩”，然后由两人扮演一头狮子耍舞，另一人头戴“笑面大头佛”，手执大葵扇引狮登场。

表演动作：舞狮人动作多以南拳马步为主，狮子动作有“睁眼”“洗须”“舔身”“抖毛”等。主要套路有“采青”“高台饮水”“狮子吐球”“踩梅花桩”等。其中“采青”是醒狮的精髓，有起、承、转、合等过程，颇具戏剧性和故事性。“采青”历经变化，派生出多种套路，广泛流传。

传承价值：广东醒狮成为全国知名的、广东特有的民间舞品牌。醒狮活动也广泛流传于海外华人社区，成为海外同胞认祖归宗的文化桥梁，其文化价值和意义深远。

（3）观看黄飞鸿题材电影

1949年，胡鹏导演的第一部黄飞鸿系列电影《黄飞鸿：鞭风灭烛》上映，黄飞鸿的大侠形象在银幕上呈现。自1949年至1994年的45年间，关德兴共主演了77部黄飞鸿电影，其数量之多创下了吉尼斯纪录。由关德兴所构建的黄飞鸿江湖生态，本土文化所派生出的宗师英雄，以言传身教的真功夫，影响了三代香港电影人，成为香港尚武精神的见证。

1990年，由嘉禾电影公司出品、徐克导演的《黄飞鸿之壮志凌云》横空出世，李连杰以“青年宗师形象”给黄飞鸿注入了新的灵魂。《黄飞鸿之壮志凌云》的成功，让徐克收获了第10届香港电影金像奖最佳导演奖，更借此衍生出全新的青年黄飞鸿电影系列。从1990年的

《黄飞鸿之国士无双》（图片来源于网络）

首作至 1997 年的《西域雄狮》，徐克团队共推出了《壮志凌云》《男儿当自强》《狮王争霸》《王者之风》《龙城歼霸》和《西域雄狮》等六部黄飞鸿电影。其他有关黄飞鸿的电影还有《黄飞鸿之国士无双》《黄飞鸿之南北英雄》《黄飞鸿之怒海雄风》等。

后记

课程思政运用个体心理学的探索之旅

写一本课程思政著作的想法由来已久。万事开头难，由于琐事缠身，冗不见治，虽然书本收集了一堆又一堆，资料看了又看，却迟迟未有动笔。直到去年暑假，有一天，看着《阿德勒传记》，突然灵光一闪：阿德勒个体心理学或可嫁接到课程思政中，解决一些具体的问题。为何不写一本关于个体心理学对课程思政启示的书呢？课程思政作为一种较新的教育理念、教学模式，在实践中确实遇到不少难题，如何让学生更加喜闻乐见，让课程思政建设到学生的心坎上，改变学生的观念，融入学生坐言起行之中？或许，唯有让各学科重回归育人功能，尊重个体的心理需求，释放和挖掘蕴含在各课程中的思政潜能，共同构建育人体系，才能真正实现立德树人的根本任务。这些与阿德勒个体心理学思想不是有共通之处吗？就此而言，借鉴阿德勒心理学的有关理念，重新审视教育的功能，创造性地运用到课程思政之中，无疑是一个崭新的时代课题。

通过交叉边缘学科拓展新的研究空间，是近年来学术创新的一种新进路。从阿德勒个体心理学的角度审视课程思政的想法，看起来似乎是偶然间的灵光一闪，其实也是顺其自然、水到渠成的结果，冥冥中有某种必然性。我攻读硕士研究生的专业是思想政治教育，对这一领域有一些认识，工作后又长期从事思想政治工作。所以，在理论与实践方面均有一些积累和准备。其实，心理学一直是我的兴趣所在，对阿德勒个体心理学则尤为喜欢。2016年第一次接触到阿德勒学说之后，可以说是一发不可收拾，几年间，尽一切可能搜罗了跟阿德勒个体心理学有关的书籍。当然，对阿德勒个体心理学的喜爱不仅是因为兴趣，它从某种意义上说还是烛照我工作生活的一盏明灯。回想起我从广州来到伟人故里中山，生活环境发生了很大改变，工作虽然还是教育事业，但人生中又迎来了不同的角色。此时，阿德勒心理学给了我很多启示和力量，帮助我跨过人生的一道道挫折坎坷。作为一名思政课教师，我想，为何不能将阿德勒心理学给我的启示和力量，运用到思想政治教育领域，融入教学当中，让它也帮助我的学生，鼓舞学生激发潜能、追求卓越，成为更好的自己？这不也是思想政治教育的初衷吗？想到这儿，更坚定了我写一本个体心理学对课程思政启示的书的决心。下定决心后，灵感不断在笔下涌现，三个多月的时间，就完成了十余万字的手稿，几经修改，终于完成了将阿德勒个体心理学运用于课程思政的学术探索之旅。

拙著得以出版，我要感谢中山火炬职业技术学院的匡和平教授，以及儿童青少年心理专家杨孟先生，他们为本书给出了诸多宝贵建议。这里，还要感谢华南师范大学阮思余副教授，他不吝笔墨，欣然为本书作序；也要感谢我的先生黄振辉、女儿楚越，他们给了我家庭温暖，并在我伏案写作时承担起家庭责任。现在脑海里还时时呈现女儿给我递来一杯温暖茶饮的画面。感恩家人的体谅及支持，爱意满满、暖意融融。

希望读者与我一起感受阿德勒个体心理学的魅力，将其创造性地运用到思想政治教育理论与实践之中，让其在立德树人、培根铸魂的思政育人实践中发挥更为积极的作用。

汪晓丽

癸卯年季春于家中